复杂地质条件下桥梁桩基承载性状研究

李 晋　李君强　纪　续　袁　凯　王守斌　著

中国水利水电出版社
www.waterpub.com.cn

内 容 提 要

本书是编者在总结多年来从事桥梁桩基科研和工程实践的基础上，结合国内外桥梁桩基研究的最新成果，通过现场测试和模型试验研究，利用数值仿真技术，并结合理论推导，对海洋环境、湿陷性黄土地基等复杂环境下桥梁桩基承载特性进行了系统分析、总结。全书共 12 章，主要内容包括：特殊地质条件下桥梁桩基应用现状、桩—土理论与试验研究进展、湿陷性黄土地基桩基研究进展、浸水黄土地基大型桥梁桩基现场静载试验、沉陷地基桩长确定理论、海上桩基研究与应用现状、跨海桥梁的受力环境、跨海桥梁荷载组合分析、海上钢管桩承载特性数值仿真、海上钢管桩模型试验研究、海上钢管桩现场静载试验、总结与展望等。

本书可供桩基工程设计与施工人员、土木工程专业师生及科研人员参考使用。

图书在版编目（CIP）数据

复杂地质条件下桥梁桩基承载性状研究 / 李晋等著
. -- 北京 ：中国水利水电出版社，2015.1（2022.10重印）
ISBN 978-7-5170-2823-9

Ⅰ．①复… Ⅱ．①李… Ⅲ．①桥梁基础－桩基础－桩
承载力－研究 Ⅳ．①U443.15

中国版本图书馆CIP数据核字(2015)第000612号

策划编辑：雷顺加　责任编辑：陈 洁　加工编辑：谌艳艳　封面设计：李 佳

书　　名	复杂地质条件下桥梁桩基承载性状研究
作　　者	李 晋 李君强 纪 续 袁 凯 王守斌 著
出版发行	中国水利水电出版社 （北京市海淀区玉渊潭南路1号D座　100038） 网址：www.waterpub.com.cn E-mail：mchannel@263.net（万水） 　　　　sales@mwr.gov.cn 电话：(010)68545888(营销中心)、82562819（万水）
经　　售	北京科水图书销售有限公司 电话：(010)63202643、68545874 全国各地新华书店和相关出版物销售网点
排　　版	北京万水电子信息有限公司
印　　刷	三河市人民印务有限公司
规　　格	184mm×260mm　16 开本　9.75 印张　251 千字
版　　次	2015年4月第1版　2022年10月第2次印刷
印　　数	3001—4001册
定　　价	35.00 元

前　　言

我国地域辽阔，从内陆到沿海，由平原到山区，分布着多种多样的土类，由于不同的地理环境、气候条件、地质成因、物质成分和次生变化等原因，不同地质条件下的桥梁桩基承载性状也大相径庭。桩基础与周围岩、土体之间的相互影响十分复杂，当桥梁等构筑物坐落于复杂地质环境下，会使桩基的设计计算与施工技术大大复杂化。随着我国交通基础建设的大发展，当代桥梁建设在东部向海上发展，西部向黄土高原延伸，这些正在建设或者筹划中的桥梁基础建设带动了桩基工程的发展，同时也带来了一系列新的技术难题。

我国黄土分布广，厚度大，其中湿陷性黄土的分布面积约占 60%。对黄土特有的工程特性，特别是湿陷性考虑不足，导致的工程病害屡见不鲜。交通部桥梁桩基方面的规范由于颁布时间过长，很多内容已不适合于指导当前桥梁基础的设计；对于在湿陷性黄土场地的桩基设计，规范给出的只是半经验性的、粗略的定性规定，对于湿陷性黄土地基下桩基的诸多理论问题都还未能给出令人满意的解答，这些问题都严重制约着桥梁桩基的建设和发展。

超大跨江、跨海大桥将在我国未来的政治、经济和交通枢纽中占有重要地位，仅我国当前已建和要建的跨海桥梁已经近 10 座，且每座跨海大桥的工程造价都在几十亿甚至上百亿元。然而目前海洋环境下桥梁基础的理论研究很少，海上桥梁桩基设计多套用跨河桥梁基础的经验。在跨海桥梁基础设计中，采用以前的荷载组合设计的传统结构形式是否合理？规范规定的计算方法是否还适合？海洋环境下桩基的受力特性如何等一系列问题都还没有很好的研究和解决。

复杂地质环境包罗众多，本书仅是围绕以上两个专题研究成果的总结，特别是海洋环境下桥梁基础的研究还处于起步阶段，理论研究严重滞后于工程实践，至今尚无较为完整与系统的设计理论。因此，无论从科研还是从工程应用的角度，本专著的出版都是必要的，以期能抛砖引玉，推动该问题的研究。

本书研究内容，分别得到了国家自然科学基金项目："湿陷性黄土地基桥梁群桩负摩阻力效应及有效承载力研究（51108255）"、山东省交通运输厅科技项目："复杂应力条件下高墩桥梁基础受力特性及结构优化研究（2010Y25-1）"和"青岛跨海大桥施工临时钢管桩基础承载力研究（2010Y10-2）"等的系列资助。

在课题研究期间，长安大学谢永利教授在百忙之中多次给予指导和鼓励，在此表示感谢。在现场试验和模型试验中，得到了山东路桥集团有限公司胶州湾大桥工程项目部，济南金曰公路工程有限公司的大力支持，研究生张起、陈杰、韩涛等参与了资料整理、模型试验和数值仿真工作，在此一并表示感谢。

由于时间和作者水平有限，书中难免有错误和不当之处，敬请广大读者批评、指正。

编　者
2015 年 1 月

目　　录

第1章 特殊地质条件下桥梁桩基应用现状

1.1 桩基础发展历程

桩基础是最古老的基础形式之一，最早在有文字记载以前，人类就懂得在地基条件不良的河谷和洪积地带采用木桩来支撑结构物，如20世纪30年代建造的上海最高建筑——上海国际饭店采用的仍然是木桩基础，而桩基础在桥梁方面的应用，据《水经注》记载，公元前532年，在今山西汾水上建成的三十墩柱木柱桥梁，即为桩柱式桥墩。而中国汉代古霸桥等对桩基础的应用，则是对桩基础的推广。

1893年，人工挖孔桩在美国问世，当时美国芝加哥、底特律等大城市由于土地紧张，建筑物层数不断增加，而某些高强轻质材料相继开始生产，为高层建筑设计施工创造了条件。但这些城市地表以下存在着厚度很大的软土或中等强度的粘土，建造高层建筑仍沿用当时通用的摩擦桩，必然会产生很大的沉降。于是工程师开始考虑使桩穿越软弱土层，把桩端设在很深的持力层上，并且为满足承载力的要求，桩身横截面的设计也增大，这样的桩不可能用木桩制作。即使用钢管、型钢或钢筋混凝土预制桩，但依靠当时的打桩设备也难以打至所需要的深度，于是，借鉴人类相传的掘井技术，人工挖孔桩在这一历史背景下试验成功，解决了工程中的难题。这种桩因其施工工艺简单，且不需特殊机械，不久便不胫而走，被美国各大城市及世界各地的工程界所采用。50年后，即20世纪40年代，大功率钻孔机具的研制成功，使钻孔灌注桩在美国问世，之后，南美委内瑞拉某高速公路的桥梁工程马拉开波法特大桥的基础施工中，首次用旋转钻浇筑混凝土桩。此后，钻孔灌注桩技术在日本、英国乃至在世界范围内出现了蓬勃发展的局面，其用量逐年上升，居高不下。

我国桩基础的发展是在20世纪50年代，当时多采用木桩基础，虽然钢筋混凝土桩和钢桩也有应用，但数量较少，桩的制造工艺和施工质量均不高，如20世纪30年代建造的钱塘江大桥就曾采用木桩和钢筋混凝土桩基础。50年代以后，木桩逐渐被钢筋混凝土桩和预应力混凝土桩所代替，工程中开始普遍采用普通钢筋混凝土预制管桩和方桩基础，如武汉长江大桥、余姚江大桥、奉化江大桥、南京长江大桥及潼关黄河大桥等。由于普通钢筋混凝土管桩的抗裂能力不高，尤其在沉桩过程中，桩身防止横向裂缝的能力较差，1966年丰台桥梁厂开始研制先张法预应力离心混凝土管桩，并于1970年正式投入成批生产。

我国自1955年在武汉长江大桥和南京长江大桥先后以管桩钻桩下到基岩持力层后再浇筑混凝土。上世纪60年代初，在河南省安阳冯宿河大桥的修建中首先成功地应用了人工冲击钻和回转钻成孔的钻孔灌注桩基础，接着在河南竹杆河和白河两座大桥扩大应用，并在国内其他一些省、市地相继推广。1965年交通部在河南省南阳市召开了钻孔桩技术鉴定会，认为它是一项重大的技术革新，是在当时我国客观条件下一种多快好省的桥梁基础施工方法，决定在全国推广。因钻孔灌注桩具有工艺简单、承载力大、适用性强等突出的优越性，很快被公路工程技术人员认同并接受，成为公路桥梁基础的首选形式。桩基技术的发展历史简要概括如表1-1所示。

表 1-1   桩基技术发展历史

阶段	年代	主要桩型	特 点
初期阶段	人类有历史纪录以前至19世纪	木桩 石灰桩	1．由天然材料做成，桩身较短，桩径小 2．采用竖直桩，主要用于传递结构的竖向荷载 3．多设置于地质条件不利的河谷及洪积地带 4．采用简单的人工锤击下沉的施工方法
发展阶段	19世纪中叶至20世纪20年代	除天然材料制成的桩外，主要是混凝土桩和钢筋混凝土桩	1．桩型较少，打桩机械沉桩的施工方法开始使用 2．土力学理论的建立为桩技术的发展奠定了理论基础 3．桩的设计理论和施工技术比较简单，处于初级发展阶段 4．桩的尺寸有所增大，直径约30cm，桩长900～1500cm
现代阶段	第二次世界大战后至今	除钢筋混凝土桩外发展了一系列的桩系，如钢桩系列、特殊桩（超高强度、超大直径、变截面等）系列等	1．多种桩型的出现与发展，形成现今桩基的各种不同体系 2．桩基技术与理论吸取其他学科的先进技术与成果，拓宽了桩的研究领域，使桩的应用范围得到极大的发展 3．人工成桩被复杂的机械和专门化的工艺所代替 4．新型桩的出现，使桩的承载力得到极大的提高 5．公路桥梁桩基础普遍采用大直径钢筋混凝土灌注桩

1.2   桥梁桩基应用现状

随着公路桥梁桩基础施工技术的进步与桩基础设计计算理论的发展，目前大江大河上修建桥梁的跨径不断增大，而为提高桥梁基础的承载力，相应的要求桥梁桩基的桩径与桩长也越来越大。1985年，河南郑州黄河大桥，采用桩径2.2m、桩长70m的摩擦桩；我国最大的江阴长江大桥和南京长江二桥主塔墩基础反循环钻孔灌注桩直径均为3.0m，且后者桩长达150m。目前，公路桥梁桩基直径大于2.5m的情况已较普遍，最大的桩径已达8.0m。采用大直径桩与小直径桩相比有明显的差异，不仅可以提高承载力，而且可以减少水中作业，加快工程进度；提高结构的抗震、抗风稳定性与抵御冲击能力，降低工程造价。如广东九江大桥主桥为2×160m的独塔斜拉桥，主跨基础采用变截面钻孔灌注桩高桩承台结构，此前曾采用了不同桩径的方案比较，如表1-2所示，从表中可以明显看出，三种方案均在满足工程要求的前提情况下，大直径桩的材料用量明显小许多。据粗略统计，国内有大量的公路桥梁桩基础直径超过2.5m。表1-3列举了国内部分公路大桥采用2.5m以上直径桩基的情况。表1-4列举了国内部分公路大桥采用超长钻孔灌注桩的情况。

表 1-2   广东九江大桥主墩基础灌注桩设计方案比较

桩径 （m）	桩数 （根）	桩身混凝土 （m³）	承台混凝土 （m³）	基础混凝土 （m³）
1.5	63	6234	4250	10484
2.0	32	5634	3850	9484
2.5	18	4873	3200	8073

桩基础与周围岩、土体之间的相互影响十分复杂。当桥梁等构筑物坐落于软土、填土、湿陷性黄土、膨胀土、冻土、盐渍土、岩溶、山区滑坡、泥石流、地震带土或岩地基上时，因这些地基土或岩的工程特性各不相同，如软土、填土的次固结特性，膨胀土的胀缩特性，盐渍土的溶陷性和盐分对结构的腐蚀性，黄土的湿陷性，冻土的冻胀和融沉性，山区的滑坡、坍塌

及泥石流等工程灾害及地震产生的特殊荷载等，都会使桩基的设计计算与施工技术大大复杂化。针对特殊地区桩基础施工的复杂性，在进行相应的设计计算时，现场实际的工程地质勘察和试验参数的获取就显得更加重要，以确保工程的安全可靠。我国地域辽阔，从沿海到内陆，由山区到平原，分布着多种多样的土类，由于不同的地理环境、气候条件、地质成因、物质成分和次生变化等原因，桥梁桩基设计也要有相应的变化。表 1-5 主要列举了特殊地质条件下的桩基工程。

表 1-3　国内部分公路大桥采用大直径桩的情况表

桩径（m）	桥　　　名
2.5	泸州长江大桥、九江长江大桥、常德沅江大桥、宜城汉江大桥、三门峡黄河大桥、钱塘江二桥、武汉长江大桥、广东斗门大桥、广东肇庆西江大桥
2.8	钱塘江三大桥
3.0	湖南石龟山大桥、黄石长江大桥、珠海横琴大桥、益阳资江大桥、江汉四桥、广州鹤洞大桥、芜湖公铁长江大桥、南京长江二桥、江苏江阴大桥、广东番禺大桥、及新会崖门大桥、湖南安乡大桥
3.5	湖南沅陵大桥、湘潭湘江二桥
4.0	铜陵长江大桥、南昌新八一大桥、湖南石龟山大桥、湖南益阳资江二桥
5.0	湖南张家界鹭鸶湾大桥（挖孔空心桩）、江西湖口大桥（多次成孔及人工挖孔）、湖南大庸鹭鸶大桥

表 1-4　国内部分公路大桥采用超长钻孔灌注桩的情况表

参数\\项目	基础形式	直径（m）	数量（根）	桩长（m）	混凝土用量（m³）
杭州湾大桥南航道桥主塔基础	钻孔灌注桩	2.8	38	125	29233
舟山金塘跨海大桥主塔基础	变径钻孔灌注桩	2.8 变径至 2.5	42	115	26626
青岛海湾大桥大沽河航道桥主塔基础	钻孔灌注桩	2.5	24	85.5	10068
青岛海湾大桥沧口航道桥主塔基础	钻孔灌注桩	2.5	28	67	9204
青岛海湾大桥红岛航道桥主塔基础	钻孔灌注桩	2.2	27	83	8514
湛江海湾大桥主塔基础	变径钻孔灌注桩	2.9 变径至 2.5	31	100	17740
苏通长江大桥主塔基础	变径钻孔灌注桩	2.8 变径至 2.5	131	120	86659
湖北荆州长江大桥北汊桥主塔基础	钻孔灌注桩	2.5	22	90.4	9758
南京长江二桥北汊桥塔	钻孔灌注桩	3.0	21	87	12907
南京长江二桥南汊桥主塔基础	钻孔灌注桩	3.0	21	102	15133
南京长江三桥主塔基础	钻孔灌注桩	3.0	24	96	16277
武汉天兴洲大桥主塔 3 号墩基础	钻孔灌注桩	3.4	40	84	30490
武汉阳逻长江大桥南塔基础	钻孔灌注桩	2.0	50	92	14444

续表

项目＼参数	基础形式	直径（m）	数量（根）	桩长（m）	混凝土用量（m³）
济南黄河二桥主跨基础	钻孔灌注桩	2.0	26	92.5	7552
滨州黄河大桥 2 号墩基础	钻孔灌注桩	2.0	15	90	4239
济南黄河三桥主桥基础	钻孔灌注桩	2.0	97	80-119	30458

表 1-5　特殊地质条件下的桩基工程

地质条件	地质特点	应注意的问题	所选桩基的类型	工程应用实例
软土地区	软土一般是指主要由细粒土组成的孔隙比大（e≥1）、天然含水量高、压缩性高、强度低、渗透性差和具有灵敏结构性的土层	覆盖层较厚的软土地区，大、中型桥梁常采用桩基础。软土层较厚需采用长摩擦桩时，要注意对桩底软土承载力和沉降的验算。在设计中，应充分注意由于软土侧向移动而使基桩挠曲和受到的附加水平压力以及软土下沉对基桩产生的负摩擦力	通常采用打入（压入）桩、钻孔灌注桩等	同三线宁波大契至西坞高速公路第三合同段，位于宁波市东侧五乡镇，全长 3.6km，共有大中桥 7 座，小桥、通道 6 座，在 K15+090 处还设有五乡互通立交一座，全线除 120 非软基外，其余均是软土地基。此合同段土层较厚，一般都在 20m 以上，塑性压缩变形很大。经探讨采用人工挖孔现浇钢筋混凝土护筒的办法钻孔桩施工，直径以桩径加护筒壁厚 12cm 来控制，用开口钢护筒作内模板，放入钢筋网，浇筑混凝土。经施工观察和后期的台前卸载检查，没有发现泥浆渗漏等情况，而且也改善了软基路段的桥头跳车
冻土地区	冻土是指当温度为 0℃或负温时，含有冰且与土颗粒呈胶结状态的土，具有冻胀和融沉等特性	在桩基设计中，应多考虑如何正确估计桩的承载力、桩的类型、桩间距以及蠕变对桩承载力的影响。一定要注意冻土的融沉和冻胀对桩基产生的影响	多年冻土地区桩基础一般采用钻孔打入桩、钻孔灌注桩、钻孔插入桩、钢管桩等	青藏铁路段"空介查曲大桥"位于西藏省安多县多年冻土区，桥全长 242.09m，全桥均采用钻孔灌注桩。多年冻土地区的铁路桥梁的工程，由于地基土的冻融作用、不良地质现象的影响，使桥梁基础易产生病害，因此对于桩基在冻土地区的施工应用就显得更为严格。此次施工，旋挖钻机采用干法和湿法两种钻法。大桥一号墩、二号墩为干法钻孔，大桥三号墩、四号墩、五号墩及六号墩使用湿法作业。桩基回冻是青藏线桩基施工中的一大特色，在多年冻土地区，桩基施工改变了地基的热平衡，引起桩周土一定范围内升温及融化，钻孔灌注桩需要 70 天完成回冻

续表

地质条件	地质特点	应注意的问题	所选桩基的类型	工程应用实例
湿陷性黄土地区	黄土是在第四纪形成的一种特殊的陆相疏松堆积物，颗粒成分以粉粒为主，富含碳酸钙。湿陷性黄土含盐量较大，是一种非饱和的欠压密土，具有大孔和垂直节理	对于湿陷性黄土地区桩基设计应考虑桩型的选择、负摩阻力的影响，在工程实践中，要根据实际工程地质状况、环境、气候条件等综合因素来选择一种适合该工程施工的办法，以尽量减少负摩阻力	在黄土地区一般采用沉桩、灌注桩、钻埋空心桩及爆扩桩等	陕西地区对黄土层中的桩基础设计一般按两种情况考虑。第一种是对地下水位不可能上升到桩基础底面以上，且桩侧湿陷性土层不可能出现局部浸水情况，以及地下水位不可能上升且对桩侧湿陷性土层偶然发生浸水采取了防水措施的情况，不考虑负摩阻力，桩侧仅有正摩阻力。第二种是对桩侧湿陷性土层可能因地下水位上升或因偶然性原因出现桩侧一定深度完全浸水情况，陕西地区根据实际情况考虑桩侧地面以下 6m 范围为负摩阻力，6m 以下为正摩阻力 宁夏地区借鉴以前设计反馈的信息，结合已经存在的信息，对湿陷性黄土地区的桩长计算采取了桩长自地面 10m 以下以 30% 的摩阻力计入负值；湿陷性黄土层不足 10m 的桥涵桩长，以黄土层实际厚度层的 30% 摩阻力计入负值，在同等条件下桩长普遍增加 5～15m
沿海地区	沿海地区地质一般较软弱，地形复杂，填土下面有软弱下卧层	在沿海地区，应考虑如何选择合理的桩基础形式，这对于保证安全、施工方便、降低造价起着举足轻重的作用，注意选择一个最优化的基础方案。在沿海地区，地质条件较差，施工复杂，对桩基础防腐蚀工作也要重视，从而真正提高桩基础的耐久性	目前沿海地区桩基础普遍采用的基础形式（按施工分）有：沉管灌注桩基础、钻孔灌注桩基础、锤击灌注桩基础、人工挖孔桩基础等	杭州湾大桥全长 37.6 公里，为跨海大桥，总投资 150 亿人民币。海域海水 pH>7 的弱碱性的 Cl-Na 型咸水，氯离子含量约 159/L，为典型的近岸海洋腐蚀环境。为了使杭州湾大桥达到 100 年的设计服役寿命，采取以下主要措施：采用海工耐久混凝土；构造措施和裂缝限制；其他辅助措施，如混凝土表面涂层、混凝土表面硅烷浸渍、钢筋阻锈剂、预置阴极防护和渗透性模板

地质条件	地质特点	应注意的问题	所选桩基的类型	工程应用实例
复杂山区	复杂山区常见的不良地质现象有滑坡、崩塌、断层、岩溶、土洞以及泥石流等	在复杂山区建设中，应该充分重视地基基础的问题，要做好工程地质勘察工作，了解地层构造、岩土的性质及地下水的埋藏状况，从而分析其稳定性，结合山区特点来布局	由于在复杂山区上，地貌非常复杂，山体岩层外露，风化严重，施工一般选择桩基础，且采用人工挖孔	马水河分离式特大桥位于鄂西山区恩施境内，是沪蓉国道主干线湖北宜昌至恩施段高速公路重点控制性工程。主桥为预应力混凝土变截面箱型连续钢构桥。桥全长989.0m，基础为桩基础，最大桩长50m。桥址区地貌属于溶蚀—低中山地貌，河流切割较深，呈"V"形谷地面起伏大，若采用机械施工，则运输、安装困难，废渣也无法排出。采用人工挖孔桩时，成孔施工简单，施工机具简单，不污染环境，挖孔桩与钻孔桩相比，桩身混凝土坍落度小、水灰比小，可以节约水泥，工期短。经比较，选择人工挖孔
岩溶地区	岩溶是可溶性岩层（石灰岩、白云岩、石膏、岩盐等）以被水溶解的化学溶蚀作用为主，并伴随以机械作用而形成的沟槽、裂隙、洞穴。地表附近岩溶较发育，随深度的增加岩溶发育较弱	对于岩溶地区，地形较复杂，桩基础施工要特别注意漏浆、坍塌、孤石等问题的处理。要确保岩溶地基的稳定性，对其断裂构造、褶皱构造、溶洞形态以及地下水状况等作出全面勘察，从而保证工程稳定	岩溶地区的桩基，宜采用钻孔灌注桩或人工挖孔灌注桩。当单桩荷载较大及岩层埋深较浅时，宜采用嵌岩桩。当桩基范围内存在充填沉积软土或沙土时，可利用高压旋喷桩将上部结构的荷载传至溶洞底板	翁江大桥位于广东英德华侨茶厂境内，是京珠国道粤境高速公路跨越翁江的一座大桥，上部构造为50m预应力混凝土T梁和30m预应力混凝土T形组合梁，单幅桥宽17m；下部构造采用柱式墩台，钻孔灌注桩基础，桩径1.5m，全桥共计60根 桥区地质条件复杂，基岩起伏较大，岩溶极为发育，存在暗河和多层溶洞。经过讨论，翁江大桥溶洞桩基施工采用了如下施工方案：①溶洞高度在1m以内，施工时采用片石黄土造壁成孔。②溶洞高度在1~3m，溶沟未与水平暗河直接连通的，根据溶洞所处的深度情况确定处理措施：溶洞埋深在10m以内的单层溶洞，采用片石黄土造壁封堵；大于10m的采用钢护筒护壁。③溶洞高度在3~5m，水平发育区域较大，溶洞埋深在10~20m的溶洞，采用双层钢护筒护壁。④对于水平区域发育连通性大和溶洞高度大于5m的多层溶洞，采用三层钢护筒护壁

在公路桥梁桩基础设计与施工技术发展过程中，受地层土质与工程性质的影响及灌注桩施工工艺上的局限性，常会遇到即使增加桩长和桩径，桩承载力提高的幅度并不明显，从而使桩的承载力难以满足大型公路桥梁工程使用上的要求。以现行公路桥梁桩基础采用的钻孔灌注

桩为例，由于桩成孔过程中以泥浆护壁法为主，使成桩工艺存在着固有的缺陷（如桩底沉渣、桩侧泥皮对桩承载力的影响等），导致桩侧阻力与桩端阻力显著降低，为改善桩端与桩周土的工程性质，提高桩承载力，减小桩的沉降量，桩端与桩周注浆技术应运而生。桩周与桩端注浆技术在国外已有 40 年的历史，1961 年在修建 Maracaibo 大桥桩的施工中首次应用，此后，日本、意大利、法国、英国、德国及前苏联等国均开始使用该技术，并在施工中使该项技术不断得到发展与完善。20 世纪 80 年代，注浆技术首先在我国的工业与民用建筑行业得到应用，90年代初，该项技术被引入公路桥梁桩基础的施工中并得到广泛应用和发展，获得了明显的技术经济效益。大量的现场实测结果表明，由于地质情况的差异和注浆技术的差异使桩侧与桩端注浆后的承载力较注浆前的承载力提高程度相差较大，最小可提高 30%，最大的超过百分之百。因此，该项技术将会成为我国公路桥梁钻孔灌注桩必备的配套技术。

另外，为提高桩的承载力，有关专家与学者，从桩的受力机理出发，提出了人工挖孔扩底桩的设计方法。该方法就是通过扩大桩端头的截面尺寸，提高桩端承受外荷载的能力，从而使桩的整体承载力得到提高。在日本，扩底直径与桩身直径之比小于 2.0，而扩大头则有数米之高（已有的实体工程达 8.0 米），目前的施工方法近 30 种。而我国近年推荐采用锅底形扩底桩，锅底矢高取 0.1～0.15D，扩底起始侧面的斜率取 1/3～1/2。人工扩底桩目前在工业与民用建筑中应用较多，现有的扩底桩种类超过 20 种，而该桩型在公路桥梁桩基础的设计与施工中，辽宁等地已逐渐开始使用。但该桩型的设计计算理论目前不同的行业采用不同的标准与方法，仍处于研究探索阶段。

1.3　发展与挑战

1.3.1　桥梁桩基发展趋势

21 世纪公路桥梁桩基础技术发展的动向主要有以下几个方面：

（1）以数值仿真为核心的岩土力学。

桩基工程是把岩石和土作为研究对象，以加固或改造地基岩土为目的，以数值仿真为研究方法，所以研究并掌握岩石和土的工程物理—力学性质将是研究的前提条件。

现有的土力学理论都是建立在室内重塑土样的基础之上，弹塑性本构模型也是在重塑土试验结果的基础上提出的，重塑土是指受扰动的土，土本身固有结构已被破坏。若要合理描述天然土的特性，必须发展新一代的本构模型——结构性模型。20 世纪 70 年代以来，临界状态土力学逐渐形成和发展，一些著名的本构关系相继提出，如剑桥粘土模型（Cam-Clay）、拉德-邓肯（Lade-Duncan）模型等，数值仿真得到了支撑和发展。数值解法如有限元、差分法等的应用日趋普及。目前可用于数值分析的软件有 ABAQUS、ANSYS、ADINA、MARC、PLAXIS 等。在这种情况下，未来几十年数值仿真在公路桥梁桩基工程等应用中将从普及到广泛应用。

（2）向大直径长桩方向发展。

基于大型桥梁主塔基础等承载的需要，桩径越来越大，桩长越来越长。欧美及日本的钢管桩长已超过百米以上，桩径超过 2.5m。济南黄河三桥采用了桩径 2.0m，桩长 119m 的摩擦桩；南京长江二桥主塔墩基础灌注桩直径达 3.0m，桩长达 150m；铜陵长江大桥的钻孔灌注桩桩直径达 4.0m；湖南的石龟山大桥等 10 多座大桥采用大直径钻埋预应力混凝土空心桩，用单根大直径桩代替群桩基础，使得结构轻型化，简化施工程序和节省多排桩所需的承台及围堰，使工程费用大大降低。例如，1992 年湖南湘潭二桥采用了无承台 5.0m 和 3.5m 的大直径桩；1996 年又顺利在江西南昌八一大桥中主塔基础采用 4 根直径为 4.0m，嵌入风化岩层 8.0m 的大直径桩。

（3）复杂环境下向高墩基础方向发展。

超大连跨桥梁是水上交通基础建设的主要发展趋势，由于通航、泄洪及安全的要求，大型跨江、跨海桥梁常常采用高墩基础的形式。水上地质、水文和气候环境与内陆地区差别很大，特别是水上高墩桥梁基础会时时刻刻受到风、浪、流冰和地震等环境载荷的作用，高墩桥梁基础比一般桥梁基础的受力条件更复杂，因此要求水上高墩桥梁基础应具有更高的安全和耐久性。2010 年山东省遭遇了 40 年来最严重海冰灾害，流动冰体对高墩桥梁撞击产生的动弯矩值比一般桥梁大，破坏性也更大。穿越复杂地质、水文及气候条件下的大型跨江、跨海大桥高墩基础是桩基础发展的一个必然趋势。

（4）向高强度桩方向发展。

桥梁桩基础在向埋入式桩方向发展的同时，对桩自身的要求也越来越高，诸如高承载力，普通钢筋混凝土桩（简称 P.C 桩，混凝土强度通常为 C20～C30）已满足不了工程上的要求，因此，预应力钢筋混凝土桩（简称 P.H.C 桩，混凝土强度通常为 C40）使用越来越多。P.H.C 管桩在欧美、日本、前苏联及东南亚等地被大量应用，我国公路桥梁桩基础的施工中采用的大直径钻埋预应力混凝土空心桩就属于 P.H.C 桩一类。

（5）向复合式施工工艺桩方向发展。

由于桩承载力的要求、环境保护的要求及工程地质与水文地质条件的限制等，采用单一工艺的桩型往往满足不了工程要求，工程中采用了复合式施工工艺桩。如对于桩径超过 3.0m 的桩基础，施工中常采用一次、两次甚至多次扩孔进行成孔，成桩采用灌注混凝土与放置预制桩两种工艺；桩端压力注浆有成孔成桩与成桩后给桩端压力注浆两种工艺；桩侧注浆有成桩后注浆与桩侧回填粗集料后再注浆两种工艺；钻孔扩底灌注桩有直接成孔和扩孔两种工艺等。

（6）向降低公害的成桩工艺发展。

我国公路桥梁桩基础以灌注桩为主，对于钻孔灌注桩采用的是泥浆护壁的成孔方法。钻孔灌注桩中的泥浆在成桩后目前仍未能采取有效的方法进行处理，往往造成环境污染，且泥浆在使用中会造成施工现场的不文明。目前国外主要采用贝诺特灌注桩，国内已在昆明、浙江及北京等地的十几处工地进行了应用，贝诺特灌注桩的优点是环保效果好（噪音低、振动小、无泥浆污染与排放）、施工现场文明。

（7）异形桩的推广与应用。

异形桩是一种特殊的桩种系列，它是在圆形桩基础上发展起来的有前途的新桩型。异形桩不仅能够最大程度地发挥桩本身和地基岩土的潜在能力，而且还可以降低工程造价，节省原材料，异形桩的发展已成为桩基础发展的趋势之一。

异形桩主要有挤扩支盘桩、扩底桩、大直径 PHC 桩、钢管混凝土桩等。

支盘桩的发展起源于中国，是普通混凝土灌注桩的一种新形式。它是在普通混凝土灌注桩的桩身适当位置通过挤扩或旋扩的方式形成承力盘，从而提高桩自身的承载能力。其特点主要有：单桩承载力高、支盘桩不受地形复杂影响，具有适应性强、工程造价较低、适用范围较广等特点。支盘桩主要应用于沿海、沿河及内陆软地基的房屋桩基础工程，还可应用于抗震结构等。

扩底桩是在灌注桩基础上发展起来的一种新桩型，通过压力或机械的方式在桩底形成一个扩大头，增大有效承载面积，从而提高桩端承载力，使扩底桩成为以桩端支承为主，桩周侧摩阻力为辅的桩型。扩底桩可以充分发挥持力层的潜力，提高单桩承载力，而且具有较低的工程造价。扩底桩主要应用于较重型建筑物，特别是高层或超高层建筑物，用来替代大直径灌注桩，具有较好的经济效益。

大直径 PHC 桩具有结构强度高、刚度大、可贯入性好、耐锤击能力强、抗渗性能好、抗弯能力高、结构承载力大、经济性较好、适应范围较广等特点，已成为打入桩的主力桩型。现阶段，大直径 PHC 桩（Φ=800mm、1000mm、1200mm）也已能生产并投入使用。近年来，大直径 PHC 管桩的需求在逐年增加，其研究和开发亦已取得很大的成就，而且性能价格普遍比钢管桩、预应力混凝土方桩及短管节 PHC 大管桩优越，因此在跨海大桥、外海深水码头等港口工程中已广泛应用。

钢管混凝土桩基结构充分发挥了钢管和混凝土两种材料的优点，具有承载力高、抗弯性能好、塑性和韧性好、经济效益高等优点。钢管混凝土桩基主要应用领域有桥梁结构、高层和超高层建筑、地铁站台柱、电杆塔等，其在桩基工程中具有较好的发展。

1.3.2　桥梁桩基面临的挑战

从桩基技术的发展趋势上可以看出，桩基技术在进入现代化阶段后获得了迅速的发展，也面临着以下几方面的挑战。

（1）由于工程造价、工程进度和工程质量的要求越来越高，使得桩基技术显得越来越重要，事实上，对于不同的桥梁结构、不同的地质条件、不同的桩型，而就同一工程往往有多种不同的桩型可以采用，这就必须对其分别进行技术与经济比较，选择承载能力大、工期短、造价低且能确保工程质量的桩型。

（2）随着基础建设力度的加大，桥梁桩基础建设的难度也越来越大，对减小环境不良效应的要求更高，因此，针对实体工程，推陈出新，克服传统桩基中存在的技术缺陷势在必行。

（3）随着新型桩基技术的不断推出，相应的桩基施工机械设备暴露出很多缺陷，这就要求加速桩基施工机械的研究、开发和改进，确保新技术的推广和应用。

（4）某些特殊性状土地基，如湿陷性黄土、软土、欠固结土等地基沉陷所引起的桩基负摩阻力的作用性状和计算理论认识不清，使得在桩径和桩长的设计中存在较大的随意性和不确定性，使这些特殊地基桥梁群桩的设计基本上处于无章可循状态，给桥梁结构的安全稳定带来极大危害，也使资源配置效率大大降低，给工程投资造成巨大浪费。

（5）随着海上桥梁的大规模兴建，复杂海洋环境下超大海上群桩基础的设计计算方法与施工技术等一系列技术难题亟需解决，已成为当前桩基研究的热点问题。

第 2 章　桩—土理论与试验研究进展

桩是深入土层的柱形构件，其作用是将上部结构的荷载，通过较弱地层或水传递到深部较坚硬的压缩性小的土层或岩层。从历史发展来看，桩是一种比较古老的基础形式，也是迄今应用最为广泛的建筑物基础或支护构件，属于深基础的一种。桩基础因其具有承载力高、可靠性大、适用范围广等优点在我国桥梁基础中被普遍采用。桥梁桩基主要承受轴向荷载，有时由于水流、土体侧向滑移、风载、船舶撞击及车辆制动力等因素也可能承受部分横轴向荷载，对于海洋环境下桥梁桩基，由于桥梁受到复杂、恶劣的海洋环境荷载作用显著，其所受环境荷载作用及相应荷载变异都很大，且由于考虑到海深及通航净空，海上桥梁基础的悬空高度往往大于常规桥梁，使得水平荷载引起的弯矩值更大。导致其不同于以车载为控制荷载的常规桥梁，而是以风浪流的水平组合荷载为控制荷载。

2.1　理论研究进展

"在土力学研究中已经把相互作用的研究提到了重要地位，它是系统论思想的体现。"—谢定义（1997）。轴向荷载作用下桩土共同作用理论研究一直是桩基研究的主流，相对比较成熟，到目前为止，主要研究方法集中在以下几个方面。

1. 荷载传递分析法

最早由 Seed 和 Reese（1957）提出，澳大利亚著名学者 Poulos 和 Davis（1980）在其经典著作中对此作了进一步阐述，其基本思路是把桩离散成许多弹性单元，每一单元（包括桩端）与土体之间用非线性弹簧模拟桩—土间荷载传递关系，桩侧摩阻力与剪切位移的关系用非线性弹簧的应力—应变关系来定义，这一传递关系称为传递函数。

这类方法的关键在于传递函数 $\tau(z) \sim s$ 的确定。传递函数的主要形式有指数关系函数（Kezdi，1957），线弹性全塑性关系函数（佐藤悟，1965），以 Duncan 和 Chang（1970）双曲线模式来表示的非线性函数（Kraft，1981 及何思明，1999），Heydinger 和 O'Neill 初始切线斜率函数方法（1987）以及应用实测的传递函数方法（Seed 和 Reese，1955 及张展羧，2003）。

我国学者对该法也进行了相关研究，如罗惟德（1990）提出了模拟桩周土约束的全深度—变深度剪切弹簧约束的解法。陈龙珠等人（1994）先对双折线硬化模型推导出一组计算桩的轴向荷载—沉降曲线的解析算式，并由此分析桩周和桩底土特性参数对曲线形状的影响。卢应发等人（1995）提出了一种以 P-S 曲线求解桩的荷载和沉降分布的方法，该方法能划分任一级荷载下的桩侧摩阻力、桩端反力和桩侧摩阻力产生的桩身变形，桩端反力产生的桩身变形及桩端沉降。台湾学者梁明德、刘乐（1995）对 Kraft（1981）与 Baguelin 和 Frank（1983）的单桩的 $\tau(z) \sim s$ 曲线进行了引申，并把剪切模量以双曲线模式表示，应用于刚性群桩分析，研究认为桩—土—桩之间的互制作用使群桩的刚度降低，却提高了其极限承载力，即在同一载荷下，群桩比使用具有相同断面的单桩安全。并认为非线性群桩 Q-S 曲线得到的预测值比实测值要保守。

有些学者把荷载传递法与其他方法相结合，主要研究有：袁建新等人（1991）结合理论 $\tau(z) \sim s$ 曲线和试验 $\tau(z) \sim s$ 曲线的分析，提出了一种桩荷载与变位的数值分析方法；张保良等（1996）提出一个分析层状地基单桩和群桩基础沉降的半解析方法，在单桩沉降计算中采用了荷载传递法；王旭东等（1996）以有限层法和有限元法为基础，结合荷载传递函数，建立了能够考虑地基土成层非均质性等因素的群桩—土—承台结构共同作用的线性和非线性数值分析方法；李正仪、罗群（2003）提出一种对竖向荷载作用下群桩沉降的非线性简化分析法，用双曲线荷载传递模型模拟非线性的桩—土相互作用，单桩荷载传递模型参数根据单桩荷载试验得出，同时引入了等效墩的概念，把单桩荷载传递函数推广到等效墩上，同时考虑相互作用而对函数作出适当修正，从而把单桩分析法推广应用到群桩体系；刘杰等（2002、2003）对桩侧土及桩端土均采用线性荷载传递函数，同时考虑桩周土所分担的荷载及桩型对桩基荷载传递规律的影响，利用力学理论及微分方程的近似解法——子域法，分别推导了刚性及柔性群桩承台下变截面角桩与地基相互作用的近似解析算式。另外 Vesic（1982）和赵善锐（1991）等也对荷载传递法进行了研究。

阳吉宝（1997）指出：传统的荷载传递函数法，忽略由桩侧摩阻力向下传递，引起桩端土体压缩所产生的桩端沉降，另外还表现在桩顶到桩端的任一截面处，桩越长误差越大。为了真正反映荷载传递函数的本意，阳吉宝通过扣除桩身位移中因土体连续性所引起的位移，对传统的荷载传递函数进行了修正。

该法假定任意点的桩位移仅与该点的摩阻力有关，没有考虑土体的连续性，故这种方法不能直接推广到群桩的共同作用分析中。这类方法应用于群桩分析时需借助于其他连续法的理论。

2. 弹性力学方法

该法首先由 D'Appolonia 和 Romualdi（1963）提出，以后 Thurman 和 D'Appolonia，，Salas 和 Belzunce（1965），Nair（1967），Poulos 和 Davis（1968，1980），Mattes 与 Polous 和 Wroth（1978）相继对此进行了研究。弹性理论法假定作为线弹性体的桩被插入一个理想均质的、各向同性的弹性半空间体内，土的弹性模量及泊松比不因桩的存在而发生变化，运用 Mindlin 公式导出土的柔度矩阵，求解满足桩土边界位移协调的平衡方程式，即可求得桩轴向位移和侧摩阻力等。由于土体模拟为连续介质，所以在一定程度上可以考虑桩与桩之间的相互作用。分析群桩时，需利用叠加原理，并引入桩与桩的相互影响系数，可以建立群桩与土的分析模式。

Geddes（1966、1969）根据 Mindlin 公式，利用叠加原理求出了群桩地基中的应力与变形；黄绍铭（1991）应用上述 Geddes 解，考虑桩与桩周相接触处土体沉降相等，确定桩侧摩阻力的分布，再用分层总和法求得桩的沉降。费勤发等以 Mindlin 位移解为基本解，但采用应力法中关于桩侧摩阻力呈线性分布的假定，在位移基本解的积分中舍去高阶无穷小量，对刚性桩进行分析。黄昱挺（1997）从桩侧摩阻力的发挥入手，考虑桩土间的相对滑移，应用 Geddes 积分解计算土体中的应力分布，对地基土采用 Duncan-Chang 非线性模型，对桩—承台—土共同作用性状进行了分析。

基于 Mindlin 公式的弹性理论还有 Cooke 等（1976），Cheung（1976，1988），Chin（1991）和 Mylonakis 等（2001）的直接群桩分析法及 Pells 等（1979）的 Mindlin 解与有限元法的联合解。Chow（1986，1987）将理论 t-z 曲线（Kraft 等人，1978）与 Mindlin 位移基本解相结合提出了一种群桩非线性分析方法。Chow 等人（1990）利用双层半无限弹性体的 Mindlin 解计算了双层地基中桩基的沉降。楼晓明（1990，1996）和洪毓康等（1991）也根据 Mindlin 的应力解答提出了分层地基中群桩基础共同作用分析的弹性理论法，计算中采用了迭代法，可用于分析大规模的群桩基础，并对群桩基础的荷载传递特性，桩间土和下卧层土中的竖向附加应力分布特性进行了研究。马海龙等（2000）以 Mindlin 公式应力解及浅基础中的变形分层总和法理论为基础，推导出桩－台－土共同作用方程，该方法以桩基变形为控制条件，分析桩土共同作用问题。石名磊（2003）和顾小安（2004）依据弹性叠加原理，将杆系结构有限元单元法与荷载传递迭代法相耦合，对群桩间的"加筋与遮蔽效应"进行了分析。何思明等（2003）基于 Geddes 应力解，并根据叠加原理计算群桩内任意点处的三向应力，采用基于 Duncen-Chang 本构模型的修正分层总和法计算群桩内任意点处的沉降量，最后，根据基点法和群桩基础荷载、变形协调关系建立方程，从而，最后获得群桩沉降计算方法。该方法的创新之处是考虑了地基中的三向应力分布对群桩沉降计算的影响。

该理论的局限性是：首先应用 Mindlin 公式时，忽略桩的存在产生的影响；其次土体的变形指标弹性模量 E 的精确取值较困难；最后该法假定土体为线弹性体，当荷载等级较大，桩土相对变形较大时，计算误差较大。

3. 剪切位移法

Cooke（1973，1974）首先运用此法分析了桩体向周围土体传递荷载的过程。此后经 Randolph Wroth、Cooke 等人的不断发展，形成剪切位移法。所采用的假设是：离开桩土距离相等处剪应力相等，且剪应力与离开桩体轴线距离成反比。该假定的准确性已被 Cooke 等人（1979，1980）用单桩和群桩试验成果所证实。

Randolph 等人（1978，1979）进一步发展了该方法，使之可以考虑可压缩桩的情形，并且可以考虑桩长范围内轴向位移和荷载分布情形。曹名葆（1989）、Mcvay 等、Chin 和 Poulos（1991）与王启铜（1991）等人对该法的应用和发展也作了贡献。

潘时声（1993）用分层位移迭代法分析了单桩和群桩，其中群桩的相互作用采用了剪切位移法的研究成果。杨嵘昌等人（1994）把剪切位移理论推广到分析桩土间土的弹塑性变形，并把建立的关系应用于桩－土－台共同作用的数值分析中。宰金珉（1996）将剪切位移法推广到塑性阶段，从而在得到桩周土非线性位移场解析表达式的基础上，与层状介质的有限层法和结构的有限元法联合运用，给出群桩与土和承台非线性共同作用分析的半解析半数值方法。钟闻华等（2003）根据现场实测的软岩地基上的嵌岩桩筏基础下桩顶反力和土反力的数据，对群桩基础的受力和变形特性进行了系统分析，并利用剪切位移法分析软岩地基上的嵌岩桩与桩周土之间的相互作用和共同承担上部结构荷载的问题。研究结果表明，软岩地基上嵌岩桩基础与一般的摩擦桩相似，桩周土可以承担一部分上部结构荷载。

该法的局限性是：方法过于简单，忽略的影响因素较多，如地基土的成层性、土参数随深度的变化及桩端沉降等。

4. 有限元法

有限元法是一种强有力的数值方法，它是一种将复杂对象进行合理地离散，应用力学和计算机技术解决复杂问题的数值分析方法。有限元应用于桩基分析是从20世纪70年代开始的，经过几十年的发展，形成了许多算法，其理论也日趋丰富和完善，成功地解决了许多其他方法不能解决的问题。桩土共同作用的数值模拟越来越受到土木工作者的重视，对它的研究也呈现出十分活跃的景象。目前已成为桩基分析手段的主流。

桩土共同作用的数值分析归根到底需要解决两个基本问题：一是土体线性、非线性本构模型的研究；二是桩土接触面上的本构关系的描述及接触单元的选择。土体本构模型常用的有广义 Hook 定律、Duncan-Chang 模型、Mohr-Coulomb 模型、修正剑桥模型等；接触面单元常用的有无厚度 Goodman 界面单元、Desai 薄层界面单元和殷宗泽有厚度接触面单元、

M.G.Katongga（1983）约束单元等，至于选取哪种模型要根据具体的工程实际来考虑。

数十年来，许多专家学者在桩基承载力的有限元仿真方面做了大量工作并取得显著成果，本文就桩基有限元计算方面的研究现状作简单阐述。

Hooper（1973）较早的探讨了高层建筑群桩的有限元计算。Desai（1974）对有承台的群桩进行了有限元分析，所考虑的群桩可倾斜，同时承受弯矩和水平力，土的非线性采用Ramberg-Osgood 模型。Ottaviani（1975）曾对 3×3 和 5×3 的群桩作过三维线弹性分析，采用 8 立方体单元。群桩分析由于求解的复杂性，需在一定的简化模式下分析，降低了结果的可信度。陈雨孙等人（1987）用有限单元法模拟了挖孔灌注纯摩擦桩的实测 P-S 曲线，对纯摩擦桩的工作状态和破坏机理作了分析，认为桩侧土体的抗剪强度直接决定着摩擦桩的承载力。Trochanis 等人（1991）用有限元法讨论了单桩和群桩的三维非线性特性，特别讨论了桩土之间的滑移，并据此提出了单桩和两根桩的近似计算法。王炳龙（1997）用土的弹塑性模型和有限元法确定桩的荷载—沉降曲线。俞炯奇（2000）运用编制的轴对称有限元模型对非挤土长桩进行了分析，指出临界桩长是有效桩长的极限情况，并推导了以端阻分担比为控制因素的准临界桩长计算公式。张志勇等（2000）基于地基变形的概念对均质地基上扩底桩单桩对不同荷载大小，不同桩土模量比，不同头径比的临界桩长进行了有限元数值模拟，得出扩底单桩临界桩长与桩土模量比和头径比有关，但在容许承载力范围内与荷载大小无关的结论。周健等（2000）以上海市打入桩群桩基础的挤土效应进行了数值模拟，对地表的隆起、桩周土体的侧移、挤土产生的应力及其对周围桩体的影响等挤土效应的变化规律进行了详细研究。Bassam Mahasneh（2000）提出了适合于计算实际群桩沉降的方法——群桩有限里兹单元法，并对桩的刚度因子作了研究。石坚（2000）利用有限元法考虑桩土的变形协调，分析了黄土地基中承台—桩—桩间土共同作用的机理。刘用暖（2001）利用张冬霁等（1998）的关于结构与土体接触面单剪试验所得到的接触面变形特征及其本构关系，提出了一种可用于桩基承载力性状分析的桩—土三维等厚度接触面单元模型，并对超长桩进行了分析。胡汉兵（2001）分别采用 Lade-Duncan 模型和刚—塑性薄单元模型模拟土体的弹塑性和桩土界面的相对运动，对竖向受荷群桩进行了三维弹塑性有限元分析。张丽娟（2002）利用研制的有限元程序对疏桩基础的承载性状进行了分析，认为疏桩基础既能较充分地发挥桩身侧摩阻力和桩端阻力的作用，使得桩的承载力接近于其极限承载力，又能较充分地调动承台底土体参与承载，因而疏桩基础对承载力的发挥明显得优于传统桩基。魏静（2003）根据西安地区原型摩擦桩的地层特点和土性条件，运用有限元基础理论，利用相应的边界条件与假设条件，建立单桩数学模型，对西安地区单桩桩土相互作用机理进行了探讨。汤斌等（2003）采用有限元法，对复合桩基中承台内区土阻力群桩效应系数进行了分析，并讨论了桩距、桩数、桩长、土类等对承台内区土阻力群桩效应系数的影响。邹金林、吴乐意（2004）通过桩径或桩长的改变对桩竖向支承刚度的影响，建立了考虑桩竖向支承刚度的桩—承台共同作用分析模型，工程实践表明，这种优化设计思想可以使群桩中的每根基桩承载力得以充分发挥。

有些学者把有限元法与其他单元相结合来研究桩土共同作用，如王旭东等人（1996）用有限元法和边界元法，结合荷载传递函数建立能够考虑地基土成层非均质性等因素的群桩—土—承台结构共同作用的线性和非线性数值分析方法。这种解法可以降维、提高运算精度，但由于解析求解的困难，应用有一定的局限性。曹志远等人（1996）提出一种分区耦合的方法，将整个基础系统划分为承台、桩土地基（近区）和远区两部分，针对每个区域的几何、材料和载荷的不同特性分别采用半解析有限元和半解析边界元法进行模拟，然后通过交界面的连续条件建立总体方程组统一求解。刘毓氚等（2000）提出了用于单桩－承台－土相互作用分析的三维有限元无限元耦合分析程序，该程序的主要特色是：主要受力区采用弹塑性有限元，外围次要受力区采用线弹性无限元。金振奋、陈云敏等（2003）将筏板下的桩、土看成弹簧作用在筏板上，简化得到了软弱地基群桩应力和沉降等效分析模型，并采用三维退化层合单元对高层建筑桩筏基础进行了分析。

利用通用有限元软件进行桩土共同作用分析的有：刘用暖（2001）在数值计算中利用了Sup软件的前后处理，对超长桩进行了分析；李晋，冯忠居，谢永利（2004，2005）用 MARC软件建立了空间轴对称和三维模型，分析了在轴向横轴向荷载下大直径空心桩桩土共同作用性状，并对空心桩的设计参数进行了优化分析；商翔宇等（2003）用 ANSYS 软件模拟了薄软土层条件下承台宽度在 0.5～3.0m 时疏桩复合基础承载性能的差别，桩和土承载性能的分担比等，得出合理的承台宽度值；C.J.Lee 和 Charies W.W.Ng（2004）利用 ABAQUS 软件，用土体表面均布荷载模拟土体固结沉降，分别研究了桩数、桩距、桩的位置及桩端土体模量等因素对桩身下拉荷载和下拉沉降的敏感程度。

有限元的优点除具有普适性广、精度高、模型化能力强外，还具有能获得桩周土介质的应力—应变关系。它可以很好地模拟土的固结、渗流、硬化及蠕变等非线性特征，克服了传统解析方法把土简化为弹性状态且不能很好模拟桩土接触关系的缺陷，而且数值分析的精度在一定程度上可以控制，形式和途径都较为统一，是一种编程性较好的数值分析方法。因而有限元法是研究竖向荷载、水平向荷载作用下单桩和群桩特性以及桩土共同作用的有效方法。有限元法的缺点是求解较为复杂和昂贵，特别对于三维分析，求解的不易收敛及机时过长问题就显得特别突出，而且解的合理性及精度受建模方法及参数的选取影响较大。

5. 简化方法

简化方法中最常用的是用分层总和法计算沉降，等效作用面位于桩端平面，等效作用面积为桩承台或基础投影面积，等效作用附加应力近似取承台底平均附加压力。等效作用面下的应力分布采用各向同性均质直线变形体理论。该法根据桩端各土层的参数分别计算各层的沉降然后求得总沉降。该法主要适用于桩径大、桩侧摩阻力的荷载分担比小、桩端底面积较大时的沉降计算；缺点是不能考虑桩侧的摩阻力，单桩本身的压缩产生的沉降及桩土的滑移产生的影响。

Clemente 等人（1988）在传递函数法的基础上提出了简化分析法，该法假定桩侧摩阻力达到其极限以前，桩端不产生阻力。但由于与现场实测（O'Neill 和 Reese（1972），Whitaker和 Cooke（1966）和 Rowe 等（1987））不符合，Clemente（1990）随后又提出了修正方法。

吴永红、王成华（1993）根据分层总和法计算沉降的概念，推导出了群桩沉降比的简化估算公式，并与弹性理论法及实测结果进行了比较。

楼晓明等（1996）根据我国 4 幢高层建筑基础的共同作用分析成果，对群桩基础中桩的荷载传递特性，桩间土、下卧层土中的竖向附加应力分布特性作了研究，表明群桩的荷载传递特性与单桩不同，群桩基础在下卧层地基中的竖向附加应力分布特性也明显地区别于等代深基础。

董建国（1996）等人认为群桩的沉降计算应根据群桩桩侧总阻力与群桩承担的总外荷载的大小关系不同区别对待。当群桩桩侧总侧阻力大于总外荷载时采用复合地基模式计算群桩沉降；当总侧阻力小于总外荷载时宜按等代实体深基础模式进行群桩沉降计算。何思明（2001）根据这一思路，对群桩桩身变形量，建议以复合压缩模量公式为基础进行计算，而对群桩桩端下卧层则按建议的修正分层总和法计算。

陈云敏、陈仁朋、凌道盛等（2001）提出了一种考虑土—桩—筏相互作用的桩筏基础简化分析方法，即将群桩中每根桩的桩顶沉降分成桩身压缩和桩端沉降分别计算，桩身压缩由单桩静载荷试验或其他方法估算，桩端沉降根据分层总和法计算。

陈仁朋等（2003）分析了群桩基础中应力扩散的规律，提出了附加应力的简化计算方法，讨论了我国建筑桩基技术规范中关于群桩沉降计算中压缩层厚度、模量取值和应力计算中存在的几个问题，提出了适合软土地基群桩沉降的计算方法。

6. 极限平衡法

该方法是按照土的极限静力平衡来推求桩的承载力，不考虑桩的变形问题，可以考虑极限状态下土体的应力场。

杨敏等（1998）提出了考虑极限承载力下桩筏基础相互作用分析方法。该法考虑了群桩中不同桩长及土层缺失情况，并假定土发生理想弹塑性变形，引入了荷载超限转移法模拟群桩中部分桩、土单元上的集中荷载计算结果超过极限承载力的情况。根据这一思想，杨敏、王树娟（1999）研究了不同桩数和桩长对土中应力场的影响以及桩基工作性状的变化规律，从应力角度探讨了桩基对沉降的控制作用。

7. 能量方法

蒋镇华（1996）应用能量法，提出了考虑桩长范围内土体非线性弹性的单桩有限里兹单元分析法，用以求解单桩变形问题；在现有迭代法基础上，建立了循环法群桩分析框架，提出了基于有限里兹单元法单桩分析的群桩循环法分析公式。在循环法群桩分析方法的基础上，提出了一种承台—桩—土共同作用的分析方法，该法可以考虑土的成层性，并可以得到位移和荷载的传递特性。

陈明中等（2001）将群桩、承台（筏）选用各自合适的位移模式，并将能量变分方法应用于群桩—承台（筏）系统，用最小势能原理求解各参数。采用本方法可以方便地得到系统中各处的内力与位移分布。

陈明中等（2001）将带桩的条形基础视为一个整体，并假定群桩与条形基础的位移模式，然后将能量变分原理应用于分析桩—条形基础系统，用最小势能原理求解假定位移模式中的一系列参数，从而求得条形基础和群桩的沉降和应力分布。

8. 其他方法

神经网络法、有限差分法、灰色系统理论法、贝叶斯方法等。

2.2　试验研究进展

太沙基认为，土力学中未解决的大部分问题，可以通过坚韧而细致的观测和调查获得解决。桩基试验主要包括现场试验及模型试验两种。现场试验是目前桩基研究最为可靠的手段，对于重要的基础工程，设计人员都毫无例外地要求依据规范进行一定数量的静载荷试验；模型试验是获取工程设计依据、理论计算参数的一种重要手段，是工程设计和理论研究过程中必不可少的补充和验证。随着工程难度的加大，设计要求的提高，对桩基试验的手段和复杂程度的要求也越来越高。

1. 桩基现场及模型试验研究

Vesic（1968）较早的做了砂土中不同桩距的高低承台的群桩模型试验。

波兰学者 Patka 和 Naborozyk（1977）所做的现场试验表明，带台桩与无台桩相比承载力可提高 30%～60%。

Akinmusum（1980）用电镀钢管作模型桩，方形或矩形钢板为承台或浅基，均匀粒径的干砂为地基建立模型来研究高桩基础、低桩基础及浅基的联系和区别。

佟世祥等（1981）在上海浦西某工地黄褐色亚粘土中进行了群桩试验，着重研究了桩数、桩距、桩长、承台设置方式及打桩顺序对桩－土－台共同作用的群桩承载变形性状的影响，并与单桩试验的成果进行了对比，得出如下结论：群桩中各单桩单独受荷时其承载力的大小与其平面位置及打桩顺序等因素有关；任何桩数和桩距的高承台群桩，其群桩效率都不大于 1.0；而大桩距的低承台群桩，其效率可能大于 1.0；摩擦群桩的沉降主要由刺入变形和桩端下土层的压缩变形两部分组成。

周福田等（1984）做了十几组模型桩的对比模型试验，包括单桩、高桩承台群桩、低桩承台群桩及无承台群桩。主要结论有：承台板下，外围土反力明显大于内部土反力；桩基础达到极限荷载时，承台底土反力远未达到承台单独工作时的极限值；桩径、桩长相同时，整个桩基达到极限承载力时，承台土反力随桩距的增大而增大；桩数、桩距相同时，整个桩基达到极限承载力时，承台土反力随桩长的增大而减小；在桩基础中，桩的下沉要带动周围土体同时下沉。

杨克己、王福元等（1984）在粉质粘土中做了不同桩距、不同入土深度、不同排列和桩数及承台不同布置方式的对比模型试验。试验结果认为要满足桩间土能支撑基础传来的荷载，它们的条件是：基础下桩间土不致产生自重固结沉降、振陷、湿陷而与基础脱空；桩间土分担外荷载的比率是随桩距、外荷、桩尖的刺入变形与桩间土的压缩变形的差值等因素的增大而增大的，随桩数和桩的入土深度的增加而减小的，还需考虑时间的延长对土固结的影响。

陈强华、洪毓康（1992）进行了承台－单桩的静载荷试验，来研究承台－桩－土共同工作机理。

杨嵘昌、宰金珉（1994）总结了前人和李晋在实测、模型试验已经简化理论分析中获得的若干成果，对桩－土－承台共同作用的现有认识作了分析和判别，并认为不宜将模型试验或小型群桩试验的结果直接应用到实际工程上。

高永贵（1994）根据两次模型群桩试验的结果，对黄土中群桩承台－桩－土共同作用进行了分析，并提出了黄土中低承台群桩基础承载力的经验公式。该经验公式的可贵之处是考虑了土性和成桩方法的影响，是对规范公式的补充。

刘金砺（1995）进行了粉土和软土中不同桩距、桩长原型与模型群桩试验。建议等代墩基法中的墩底面应根据桩距、桩长、持力层性质设定，并对弹性理论法中的相互影响系数和沉降比的理论值进行了修正。

王幼青等（1998）在均质粉质粘土中进行了模型比例为 1:13 的低桩承台群桩试验，研究了桩距和桩数这两个因素对群桩承载特性的影响。其试验结果认为：桩基础的极限承载力随桩距和承台的增大而增大；群桩基础中各桩所受荷载并不是均匀分布的，角桩最大，边桩次之，中心桩最小。

谢涛等（2003）利用铝管作模型桩，进行了桩数为 5×10 群桩模型试验，分析了群桩的承载性状和群桩效应。其结果认为：对低承台群桩，承台对群桩效应具有消弱作用，在该试验条件下，群桩综合效应系数大于 1，群桩承载力大于单桩承载力之和。

冯世进等（2004）对西安地区 6 根超长钻孔灌注桩进行了单桩静载试验，发现黄土地基中超长钻孔灌注桩的 Q-S 曲线呈缓变型,在最大荷载时都未达到破坏状态,桩身轴力传递规律和桩侧阻力的发挥与成孔工艺、桩长、桩周土层性质密切相关,测试得到的极限侧阻力远比规范值要大。

邓洪亮等(2001)对天津沿海软土地基 77 根灌注桩的静载试验资料对比分析发现:对于软土地基上单桩承载力的发挥存在明显的深度效应,并且与 Meyerhof.G.G、陈华强、周镜等人提出的砂土和硬粘土地基上单桩承载力的深度效应有明显区别,指出天津沿海软土地基的临界桩长应为 33～45 倍桩径,同时临界桩长受地基土的抗剪强度影响。

N.F.Ismael(2001)在 Surra 砂土中做了几组试验,包括单桩的压、拔试验和两组桩距分为 2 倍、3 倍桩径的 5 桩群桩静压试验,单桩试验表明侧摩阻力占了极限承载力的 70%,且沿桩身均匀分布;群桩试验表明,桩距分为 2 倍、3 倍桩径的 5 桩群桩的群桩系数分别为 1.22 和 1.93。

贺武斌等(2002)在黄土地区进行了现场单桩与群桩试验,根据试验结果分析了承台、桩、土的相互作用特性,对承台下基土反力的分布,群桩基础中的荷载传递规律,荷载分担等进行了研究,并与单桩进行了比较,提出了基于试验的若干建议。

石怀请、章杰(2003)通过大量现场单桩试验,利用瑞士滑动测微计等测试手段,分析了黄土地基钻孔灌注桩在竖向荷载下的侧阻力和端阻力发挥特征及荷载分布规律,通过现场实例得到的荷载传递函数,证实了其符合双曲线模型,并用这些实例说明了如何利用这些规律进行工程优化设计。

杨进、彭苏萍(2004)根据海洋钻井实际工程情况,开展了粘性土质条件下群桩模拟实验,研究分析了群桩条件下的桩—土相互作用问题,得出了群桩作用对土应力场的影响关系。

刘金砺(2004)通过不同土质中一系列大型群桩试验,揭示其在竖向荷载下群桩侧阻力、端阻力、承台土抗力的群桩效应及承载力群桩效应,并据此对群桩基础概念设计的若干问题进行了讨论。

在试验过程中,许多学者对规范中的相关内容提出了许多建议,如谢涛、袁文忠(2003)在进行群桩模型试验过程中发现实测群桩效应系数与规范表中相应的数值存在较大差异,对群桩效应系数规范表产生了质疑,认为规范表中的 η_s 值普遍偏小。吴慧明、沈昌鲁(2001)根据现行单桩竖向静载试验几本主要规范,对终止加载条件、极限承载力判断标准两方面进行了讨论,认为极限承载力判断时应考虑检测对象是工程桩还是试桩,其次要考虑到桩型、桩长、地区经验等。

2. 桩基离心模型试验研究

土工离心模型试验是现场试验与室内试验的完美结合,黄文熙则称土工离心模拟技术为土工模型试验发展史上的里程碑。用离心机模拟自重效应的思想最早由法国工程师 Phillip(1869)提出,这一设想在岩土工程领域得到充分体现,因为岩土本身的重力对其性状是最重要的影响因素,该设想直到 20 世纪 30 年代才成为现实。美国工程师 Bucky(1931)首次将离心机用于研究岩石力学问题;至于第一次土工结构离心试验则由苏联人 Pokrovski 在 1932 年完成,并由此开创了土工离心试验的新时期。从此该技术在地下结构、码头、军事工程、海上平台、地基基础、大地构造等众多领域取得了令人瞩目的成果。

桩基离心模型试验是适应 20 世纪 70 年代海洋石油开采而发展起来的。Barton(1984)利用离心机研究了近海桩结构的性能,验证了 Poulos(1971)所提出的群桩作用的弹性分析理论,并求出了群桩效应系数;Nunez 和 Randolph(1984)在剑桥大学离心机上开发了一套沉、拔桩及侧向荷载试验设备，并以此研究了桩的尺寸效应、抗拔性能及砂质地基上单桩和群桩性能；Sabagh（1985）在 P.W.Rowe 实验室进行了轴向循环荷载试验，以模拟暴雨期间近海桩的特性；同年 Oldham 又在该机内增制了侧向施力设备；Kulkarni（1985）在 Livepool 大学离心机上进行了不同组合形式的群桩性能研究，并用地基反力法及弹性介质理论作验证，表明在小变形时，单桩位移的实测值与理论值一致，在大变形时，弹性解低估了位移值，双桩体系的弹性解则高估了承载力；Craig（1985）研究了不同设桩方式对桩的承载力的影响，指出了离心机试验时 Ng 过程设桩的重要性，特别是垂向受荷桩；Scott 和 Ting（1977，1981，1982），Finn 和 Barton（1985）等还用桩头激振方式模拟了桩的动力反应。Randoloph M F 和 Horikoshi K（1995）在粘土上进行 7 桩筏基础的离心模型试验，主要结论有：有承台桩承载力大于无承台桩承载力；中央布桩的桩筏基础不均匀沉降比无桩的筏基础的不均匀沉降小；阐明了合理布桩能减少桩筏基础的不均匀沉降。

我国土工试验开始于 20 世纪 80 年代，长江科学院、河海大学、南京水科院、水利水电科学研究院、绵阳核九院、四川联合大学、清华大学及长安大学等高校或科研单位相继配备了离心机，开展了内容广泛的一系列土工离心试验，推动了我国土工离心试验的发展。但受试验水平的限制，目前国内开展的桩基离心试验则比较少，主要有：张利民、胡定（1989）做了单、群桩离心模型试验，研究了桩在不同地层条件及加荷方式下的性能，着重分析了垂向及水平受荷桩的荷载位移特性与荷载传递规律，以及水平受荷桩的残余效应。陈文、施建勇等（1999）通过静压桩在不同粘土中贯入的离心模型试验，对桩体贯入饱和粘土时的土体位移和初始超孔压的空间分布情况进行了研究。曾友金、王年香等（2003）通过 18 组群桩和 6 组单桩离心模型试验，研究了成桩工艺、桩径及桩距对微型单桩和微型群桩的荷载与沉降关系。

国内外关于桩土共同作用的研究手段主要集中在理论推导、经验公式、模型试验和现场试验几个方面，目前也出现了几种手段相结合的趋势。应当指出，现场试验和合理的室内试验依然是进行桩基研究的重要手段，当前国外的许多研究者都致力于这方面的研究。现场试验无疑是最有说服力的分析方法，但是试验周期长、耗资大而且操作困难，因此进行科学合理的离心模型试验是今后桩基工作要开展的重点。

2.3　数值仿真二次开发技术

数值分析技术作为一种解决工程实际问题不可或缺的基本手段和工具，其可靠性很大程度依赖于对结构模型的正确模拟、本构模型和计算参数的正确选用及计算收敛精度的提高。国内很多研究人员花费了大量心血，编制了一些适合于岩土工程某一领域的优秀专业软件，但与国外通用的优秀软件相比，尚存在以下几点不足：

（1）数据准备工作量极大且繁琐易错。

（2）严格地讲，没有独立的前后处理模块，必须依赖其他辅助软件才能使用。特别是数据准备和成果处理阶段，凡是涉及成图的，一般都要经过复杂的数据转换，然后用 AutoCAD 软件完成，使用很不方便。

（3）由于没有良好的图形处理界面，对使用者要求极高，必须花费大量时间来熟悉软件。

（4）由于较少优化计算机内存分配、存储方法和求解技术，自编程序对空间需求较大，完成复杂的非线性分析时收敛精度往往达不到要求，计算将耗费大量的时间。

可见，自编程序与通用程序的差异主要体现在软件的前后处理器、人机交互及界面技术上，而其严谨的岩土专业理论恰恰是通用程序所缺乏的。因此，如果能够扬长避短，既吸收通用程序的优点，又能将专业理论很好地用于所分析的问题，必将大大减少分析人员的工作强度和工作量，从而将其大量精力从程序繁锁的数据准备和后处理中解脱出来，而主要用于关注问题本身，使有限元分析能更好地为工程实际服务。MARC 软件强大的用户子程序功能为两者的结合提供了可能。

2.3.1　基本功能

MARC 软件提供了 245 个有名公共块和 108 个用户子程序。用户在用户子程序中调用这些公共块，可以提取所需数据或者以新的数据赋值公共量和数值，进行数据交换。108 个用户子程序入口覆盖了 MARC 有限元分析的所有环节。从几何建模、网格划分、边界定义、材料模型到分析求解、结果输出，用户除了无法更改求解方法外，在有限元分析的其他环节上MARC 都预留了用户可以访问的子程序接口，通过耦合子程序，使 MARC 通用软件向特定领域的专业软件扩展。

这些用户子程序都是以 Fortran 语言编写的子程序模板文件。使用时，按 Fortran 编程规则，用户根据需要填充子程序模板文件。程序运行包含一个或若干个用户子程序的分析模型时，会以这些用户定义的子程序代替缺省的相应子程序，重新生成新的执行程序，使程序以用户期望的方式运行。

2.3.2　MARC 用户子程序研发

由于参考资料有限，对 MARC 用户子程序的开发经历了一个逐步摸索和完善的过程。根据分析问题的需要，本文相应编写了以下子程序。

（1）模拟地基初始应力子程序 SUBROUTINE UINSTR；

（2）模拟移动分布荷载的子程序 SUBROUTINE FORCEM；

（3）参数随工况变化的非线性弹性本构关系子程序 SUBROUTINE HYPELA；

（4）用于模拟库仑摩擦接触时，摩擦系数随工况变化动态接触状态子程序 SUBROUTINE UFRIC；

（5）模拟桩与土体界面相互作用的 2 节点、4 节点和 8 节点三维接触面单元子程序 SUBROUTINE USELEM；

其中，地基初始应力子程序 SUBROUTINE UINSTR 与用户单元子程序 SUBROUTINE USELEM 功能较为强大，编制也相对复杂。在此对两子程序作简单介绍。

2.3.3　自定义单元类型子程序 SUBROUTINE USELEM

SUBROUTINE USELEM 是提供给用户定义具有特殊性质的单元类型子程序，其包含了一个离散单元有限元求解需要的完整信息。用户在子程序中需定义与单元相关的等效节点荷载、单元刚度矩阵、内力矩阵、应力、应变增量、高斯点坐标和输出信息，同时，在数据文件中，用户需定义单元的几何信息。运行过程中，主程序将根据求解流程，根据 iflag 指示参数（如图 2-1 所示）调用相应的计算模块，将用户单元的相应信息叠加到总刚度矩阵和荷载矩阵中，并将计算结果返回子程序。当用户单元某些性质与 MARC 单元库中的标准单元一致时（如外部等效节点荷载），可以调用相同几何形式的标准单元，由程序根据标准单元的性质进行计算，从而大大简化了用户单元的定义。同时，在子程序中，用户可根据需要调用输入数据文件或其他子程序。本节中，为了模拟筋材与土体的相互作用，应用 USELEM 子程序定义了二维和三维的 Goodman 接触面单元。

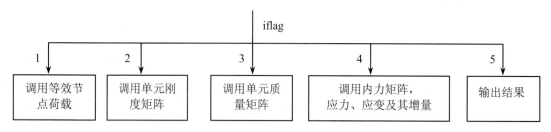

图 2-1　USELEM 用户子程序 iflag 指示参数

2.3.4　土体初始应力子程序 SUBROUTINE UINSTR

MARC 商业软件没有提供适合计算土体初始应力状态的功能。从本构关系和数值计算的角度来说，地基土体显然属于较为复杂的非线性弹塑性体，而在非线性计算中，首先就是要确定加荷前其初始的应力状态，它不仅影响到初次加荷的计算，也对以后的各级荷载均产生影响，因为以后各级荷载的应力也是在先前初始应力的基础上累加起来的。而且在桩土接触分析中，接触面上切向应力的发挥也是靠土体的对桩的侧压力产生的，不加初始侧压力则不能真实模拟接触面上的应力状态。如何实现在单元体内既保证其存在初始应力，又使得其初始应变为零（即认为应变已发生过），是岩土工程数值仿真所面临的首要问题和关键点之一。通过 MARC 软件中提供有用户自定义单元体的子程序接口 SUBROUTINE UINSTR，实现了给土体单元各积分点施加初始应力，而且变形为 0。即 $\sigma_z = \gamma z$，$\sigma_x = \sigma_y = K_0 \gamma z$。$\sigma_z$—竖向地基压应力；$\sigma_x$、$\sigma_y$—水平向地基压应力；$\gamma$—地基土的换算容重；$K_0$—静止侧压力系数值，$K_0 = 0.95 - \sin\varphi$；$z$—单元形心到土体表面深度。开挖后的应力场等于初始应力加应力增量，即 $\{\sigma\} = \{\sigma_0\} + \{\Delta\sigma\}$。对于弹塑性模型，由于桩位处土体开挖，会对土体产生很小影响，但土体变形仍可控制在 10^{-5}/m 以内。

而且 SUBROUTINE UINSTR 子程序与非线性弹性本构关系子程序 SUBROUTINE HYPELA 相嵌套并结合 MARC 软件中的死活单元技术可以实现模拟土体开挖中地基应力的释放和施工中的力学响应分析。该技术大大扩展了 MARC 软件在岩土工程领域中的功能，可以应用到隧道、基坑、巷道及硐室等开挖模拟中。

2.3.5　接触面单元

桩土两种材料性质相差很远，当桩顶竖向荷载达到某一临界值时，就可能在其接触面上产生错动或开裂。因此从数值模拟的合理性及精度考虑需要定义桩、土间的接触。

从力学分析角度看，接触是边界条件高度非线性的复杂问题，需要准确追踪接触前多个物体的运动以及接触发生后这些物体之间的相互作用，同时包括正确模拟接触面之间的摩擦行为。因此，要解决两个方面的问题：一是接触上的本构行为，尤其是剪应力与剪切变形之间的关系；二是接触面单元的数值模型的选择。关于这方面的研究 Goodman、Zienkiewicz、Ghabouss、Katona、Herrmann、Isenberg、Kausel、Desai、殷宗泽、雷晓燕、杜庆华等国内外专家与学者都做过大量的工作。MARC 软件对于解决接触问题的处理有三种途径：一是通过基于拉格朗日乘子法或罚函数法的接触界面 gap\friction 单元；二是接触迭代算法：对于直接约束的接触算法，是解决所有问题的通用方法。特别是对大面积接触以及事先无法预知接触发生区域的接触问题，程序能根据物体的运动约束和相互作用自动探测接触区域，施加接触约束，这是 MARC 解决非线性接触问题而提出的一种独特的解决方法，也是该程序的特点之一；三是全面通过用户子程序 USPRUG 来自定义接触算法。

对于第一种方法类似于上面提到的接触面单元，应用起来非常繁琐，且需要在 DAT 文件中进行定义，但对三维问题几乎无法定义，效果不理想。

第二种方法对桩土之间接触的处理是通过将桩、桩周土定义为可变形接触体，并在接触表中定义接触体之间的摩擦系数，接触后所需的分离力，接触容差及可能的过盈配合值。两个接触体在受力后可能出现分离或嵌入，可通过分离力及过盈配合值来控制，当荷载增加到一定程度时，桩土之间既不应该出现分离也不应该嵌入，这时可以通过输入一个很大的分离力和一个很小的过盈配合值来控制，从而实现桩与土在接触面上只有滑移的模拟。摩擦系数则要根据桩土的性质来确定。MARC 中提供的较适用的摩擦模型有 Coulomb 摩擦模型、Stick-slip 模型、Shear 模型等。由于桩与土的模量相差太大，在实际应用中摩擦系数对摩擦力的影响往往很小，因此效果不理想。

关于第三种定义用户子程序的方法及原理将在此重点论述。Goodman（1968）提出了一种平面四结点接触单元，两片接触面之间假想为由无数微小的弹簧所连接。在受力前两接触面完全吻合，即单元没有厚度只有长度，是一种一维单元。接触面单元与相邻接触面单元或二维单元之间，只在结点处有力的联系。每片接触面两端有 2 个节点，一个单元共有 4 个节点。本节中把 Goodman 平面 4 节点接触单元的思想进行了推广，推导了 2 节点一维接触单元和 8 节点三维接触单元，并在 MARC 软件中开发了适用于各种接触形式的用户子程序软件包。如图 2-2 所示为三种接触单元示意图。

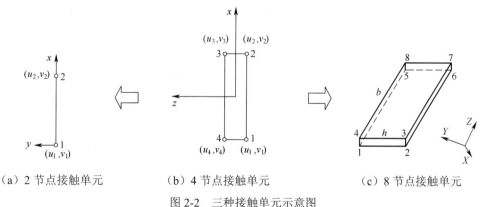

（a）2 节点接触单元   （b）4 节点接触单元   （c）8 节点接触单元

图 2-2   三种接触单元示意图

1. 2 节点一维接触单元

通过无厚度 Goodman 界面元的退化形式构造点—点接触界面元，即在无厚度 Goodman 界面元本构假设的基础上，建立两接触点沿接触界面法向上位移分量间的位移主—从约束关系，从而消除界面元法向刚度系数 k_n 取值任意性所带来的种种问题，点—点接触界面元实质上就是一种接触面法向位移约束的剪切滑移单元。

如图 2-2（a）所示，在局部坐标系下，两个接触点对 1-2 间的相对位移为 $\{\omega\}$；应力为 $\{\sigma\}$，在线弹性假定下，两者关系为：

$$\{\sigma\} = [k_0]\{\omega\} \qquad (2\text{-}1)$$

即 $\begin{Bmatrix} \tau_s \\ \sigma_n \end{Bmatrix} = \begin{bmatrix} k_s & 0 \\ 0 & k_n \end{bmatrix} \begin{Bmatrix} \Delta u \\ \Delta v \end{Bmatrix}$

接触单元内力与节点力向量之间的关系为：

$$\{F\} = [B]\{f\}^e \qquad (2\text{-}2)$$

单元的应力与内力、相对位移与节点位移的关系分别为：

$$\{\sigma\} = \frac{1}{A}\{F\}; \quad \{\omega\} = [B]\{\delta\}^e \qquad (2\text{-}3)$$

式（2-3）中，A 为单元截面面积；

把式（2-2）、式（2-3）代入式（2-1）中得到

$$\frac{1}{A}[B]\{f\}^e = [k_0][B]\{\delta\}^e$$

两边同乘以 $[B]^T$，得

$$\frac{1}{A}[B]^T[B]\{f\}^e = [B]^T[k_0][B]\{\delta\}^e$$

并注意到 $[B]^T = [B]^{-1}$，得

$$\{f\}^e = A[B]^T[k_0][B]\{\delta\}^e \qquad (2\text{-}4)$$

又：$[B] = \begin{bmatrix} 1 & 0 & -1 & 0 \\ 0 & 1 & 0 & -1 \end{bmatrix}$，则

$$[K]^e = A[B]^T[k_0][B] = A \cdot \begin{bmatrix} k_s & & 对 & \\ 0 & k_n & & 称 \\ -k_s & 0 & k_s & \\ 0 & -k_n & 0 & k_n \end{bmatrix} \qquad (2\text{-}5)$$

2. 8 节点三维接触单元

在进行三维群桩的有限元分析时，在桩和土体之间引入三维接触面单元。利用平面 4 节点 Goodman 单元的思想，对其进行了空间延伸，推导了 8 节点三维接触面单元的刚度矩阵，具体推导过程如下。

为适应 MARC 三维模型的内部节点编号规则，相应地调整了接触面单元节点的编号次序。建立了如图 2-2（c）所示的三维接触面单元。它是由两片长度为 b，宽度为 h 的接触面 1265 和 4378 组成的。两接触面之间假想为由无数微小的弹簧所连接，在受力前两接触面完全吻合，单元厚度 $e=0$。接触面单元与相邻的接触面单元或三维单元之间，只在节点处有力的联系，接触面有 4 个节点，一个单元有 8 个节点（1、2、6、5、4、3、7、8），建立直角坐标系 xyz，坐标原点在单元形心上，单元在 z 方向受接触压力，x、y 方向受摩擦剪应力。

设单元节点力 $\{F\}^e$ 及单元节点位移 $\{d\}^e$ 分别为

$$\{F\}^e = [\{F\}_{bt}^T, \{F\}_{up}^T]^T, \quad \{\delta\}^e = [\{\delta\}_{bt}^T, \{\delta\}_{up}^T]^T$$

其中

$$\{F\}_{bt} = [F_{x1}, F_{y1}, F_{z1}, F_{x2}, F_{y2}, F_{z2}, F_{x6}, F_{y6}, F_{z6}, F_{x5}, F_{y5}, F_{z5}]^T$$

$${F}_{up} = [F_{x4}, F_{y4}, F_{z4}, F_{x3}, F_{y3}, F_{z3}, F_{x7}, F_{y7}, F_{z7}, F_{x8}, F_{y8}, F_{z8}]^T$$

$$\{\delta\}_{bt} = [u_1, v_1, w_1, u_2, v_2, w_2, u_6, v_6, w_6, u_5, v_5, w_5]^T$$

$$\{\delta\}_{up} = [u_4, v_4, w_4, u_3, v_3, w_3, u_7, v_7, w_7, u_8, v_8, w_8]^T$$

在节点力 $\{F\}^e$ 作用下，接触面弹簧内受剪应力 τ_{s1}，τ_{s2}，受正应力 σ_n，即内应力为 $\{\sigma\} = [\tau_{s1}, \tau_{s2}, \sigma_n]$。

两接触面的相对位移为：$\{w\} = [\Delta u, \Delta v, \Delta w]^T$

在线弹性假定下，$\{\sigma\}$ 与 $\{\omega\}$ 的关系为

$$\{\sigma\} = [D]\{w\} \tag{2-6}$$

式中

$$[D] = \begin{vmatrix} E_n & 0 & 0 \\ 0 & E_s & 0 \\ 0 & 0 & E_s \end{vmatrix} \tag{2-7}$$

E_s，E_n 分别为接触单元切向和法向的单位长度弹性模量，单位为 kN/m³。

取线性位移模式，将接触面沿长度方向各点的位移表示为节点位移的线性函数，则底面和顶面底位移分别为

$$[u_{bt}, v_{bt}, w_{bt}]^T = 1/4[G]\{\delta\}_{bt} \tag{2-8}$$

$$[u_{up}, v_{up}, w_{up}]^T = 1/4[G]\{\delta\}_{up} \tag{2-9}$$

其中

$$[G] = \begin{vmatrix} \alpha & 0 & 0 & \beta & 0 & 0 & \gamma & 0 & 0 & \lambda & 0 & 0 \\ 0 & \alpha & 0 & 0 & \beta & 0 & 0 & \gamma & 0 & 0 & \lambda & 0 \\ 0 & 0 & \alpha & 0 & 0 & \beta & 0 & 0 & \gamma & 0 & 0 & \lambda \end{vmatrix} \tag{2-10}$$

$$\alpha = (1 - 2x/b)(1 - 2y/h) \qquad \beta = (1 + 2x/b)(1 - 2y/h)$$

$$\gamma = (1 + 2x/b)(1 + 2y/h) \qquad \delta = (1 - 2x/b)(1 + 2y/h)$$

则上下界面位移差为

$$\{w\} = [u_{bt} - u_{up}, v_{bt} - v_{up}, w_{bt} - w_{up}]^T = 1/4[C]\{\delta\}^e \tag{2-11}$$

其中

$$[C] = \begin{vmatrix} \alpha & 0 & 0 & \beta & 0 & 0 & -\beta & 0 & 0 & -\alpha & 0 & 0 & \lambda & 0 & 0 & \gamma & 0 & 0 & -\gamma & 0 & 0 & -\lambda & 0 & 0 \\ 0 & \alpha & 0 & 0 & \beta & 0 & 0 & -\beta & 0 & 0 & -\alpha & 0 & 0 & \lambda & 0 & 0 & \gamma & 0 & 0 & -\gamma & 0 & 0 & -\lambda & 0 \\ 0 & 0 & \alpha & 0 & 0 & \beta & 0 & 0 & -\beta & 0 & 0 & -\alpha & 0 & 0 & \lambda & 0 & 0 & \gamma & 0 & 0 & -\gamma & 0 & 0 & -\lambda \end{vmatrix}$$

$$\tag{2-12}$$

根据虚功原理，单元应力所做的虚功等于单元节点力所做的虚功，则

$$[\{\delta^*\}^e]^T \cdot \{F\}^e = \int_{-h/2}^{h/2} \int_{-b/2}^{b/2} \{w^*\}^T \{\sigma\} dxdy \tag{2-13}$$

其中 $\{w^*\} = 1/4[C]\{\delta^*\}^e$

由式（2-5）化简得

$$\{F\}^e = [K]^e \{\delta\}^e \tag{2-14}$$

式中

$$\{F\}^e = 1/16 \int_{-h/2}^{h/2} \int_{-b/2}^{b/2} [C]^T [D][C] \mathrm{d}x \mathrm{d}y \tag{2-15}$$

将式（2-7）式（2-12）代入式（2-15）中，得到接触面单元的刚度矩阵 $[K]^e$ 为：

$$[K]^e = \frac{bh}{36} \begin{vmatrix} 4|D| & & & & & & & \\ 2|D| & 4|D| & & & & \text{对} & & \\ -2|D| & -4|D| & 4|D| & & & & \text{称} & \\ -4|D| & -2|D| & 2|D| & 4|D| & & & & \\ 2|D| & |D| & -|D| & -2|D| & 4|D| & & & \\ |D| & 2|D| & -2|D| & -|D| & 2|D| & 4|D| & & \\ -|D| & -2|D| & 2|D| & |D| & -2|D| & -4|D| & 4|D| & \\ -2|D| & -|D| & |D| & 2|D| & -4|D| & -2|D| & 2|D| & 4|D| \end{vmatrix} \tag{2-16}$$

当图 2-2（c）的 3、4 与 5、6 节点编号对调，则刚度矩阵 $[K]^e$ 变为如下形式：

$$[K]^e = \frac{bh}{36} \begin{vmatrix} 4|D| & & & & & & & \\ 2|D| & 4|D| & & & & \text{对} & & \\ |D| & 2|D| & 4|D| & & & & \text{称} & \\ 2|D| & |D| & 2|D| & 4|D| & & & & \\ -4|D| & -2|D| & -|D| & -2|D| & 4|D| & & & \\ -2|D| & -4|D| & -2|D| & -|D| & 2|D| & 4|D| & & \\ -|D| & -2|D| & -4|D| & -2|D| & |D| & 2|D| & 4|D| & \\ -2|D| & -|D| & -2|D| & -4|D| & 2|D| & |D| & 2|D| & 4|D| \end{vmatrix} \tag{2-17}$$

接触单元是一种独立单元，与土、群桩结构单元统一编号，接触面单元的刚度矩阵与一般三维单元刚度矩阵一样，可以按节点平衡条件叠加到总的刚度矩阵中，由结构平衡方程求解位移，进而求得接触面上的应力。

在桩顶竖向荷载作用下三维接触单元的主要变形为 z（流动坐标系）方向的剪切变形，因此接触单元的初始应力为

$$\sigma = \begin{Bmatrix} k_0 \gamma_0 z \\ 0 \\ 0 \end{Bmatrix}$$

上式中 k_0 为静止土压力系数，γ_0 为土容重。

$$\begin{Bmatrix} \Delta\sigma_x \\ \Delta\tau_{xy} \\ \Delta\tau_{zx} \end{Bmatrix} = \begin{bmatrix} E_n & 0 & 0 \\ 0 & E_{xy} & 0 \\ 0 & 0 & E_{zx} \end{bmatrix} \begin{Bmatrix} \Delta\varepsilon_x \\ \Delta\gamma_{xy} \\ \Delta\gamma_{zx} \end{Bmatrix}$$

考虑到接触变形的非线性，根据张冬霁及工程实例的试验结论，对其接触面的剪切模量给出判据：若接触面受拉且被拉裂，可令 E_n 为一极小数，如 1.0kPa；若接触面受压，可令 $E_n = (10^2 \sim 10^3)E_s$，这里近似认为 $E_{xy} = E_{zx} = E_s$。

剪切模量 E_s 取为：$E_s = \left(1 - R_f \dfrac{\tau_i}{c + \sigma_n \tan\varphi}\right)^2 kPa\left(\dfrac{\sigma_n}{Pa}\right)^n$。

式中，Pa 为大气压力；c，φ 分别为接触面的粘聚力和外摩擦角；R_f 为破坏比；k，n 为

参数。

3. 局部坐标系的规定和坐标转换矩阵

以上刚度矩阵是按照图 2-2（c）所示坐标系下接触面为平面时建立的，而桩与土的实际接触面是一曲面，这就需要进行坐标的转换，引入坐标转换矩阵[Q]。空间六面体单元局部坐标系规定：以单元两端节点 i、j 的连线作为 $\bar{x}$ 轴，节点 i 为坐标原点，$\bar{y}$ 和 $\bar{z}$ 轴的方向与单元截面的两个主惯性轴平行，形成右手坐标系，如图 2-3 所示。为了确定单元截面的主惯性轴方向，在输入数据中还必须给出在主惯性轴面 $\bar{x}\bar{y}$ 内的一个任意参考点 k 的坐标位置（x_k, y_k, z_k），当然这个 k 点不能与 i、j 轴线共线。

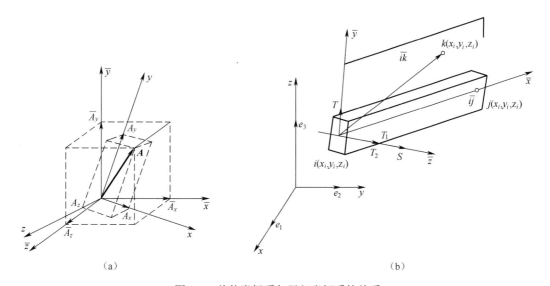

（a）   （b）

图 2-3   总体坐标系与局部坐标系的关系

若空间任一矢量 A 在总体坐标系 x、y、z 轴上的投影分别是 A_x、A_y、A_z，而在局部坐标系 $\bar{x}$、$\bar{y}$、$\bar{z}$ 轴上的投影分别是 $\overline{A_x}$、$\overline{A_y}$、$\overline{A_z}$。由图 3-7（a）可以看出，这两组分量之间的几何关系是：

$$\overline{A_x} = A_x \cos(\bar{x}, x) + A_y \cos(\bar{x}, y) + A_z \cos(\bar{x}, z)$$
$$\overline{A_y} = A_x \cos(\bar{y}, x) + A_y \cos(\bar{y}, y) + A_z \cos(\bar{y}, z) \qquad （2\text{-}18）$$
$$\overline{A_x} = A_x \cos(\bar{z}, x) + A_y \cos(\bar{z}, y) + A_z \cos(\bar{z}, z)$$

式（2-18）的矩阵形式为

$$\left\{ \begin{array}{c} \overline{A_x} \\ \hline \overline{A_y} \\ \hline \overline{A_z} \end{array} \right\} = [L] \left\{ \begin{array}{c} A_x \\ A_y \\ A_z \end{array} \right\}$$

上式中[L]为矢量的变换矩阵。

$$[L] = \begin{bmatrix} l_1 & m_1 & n_1 \\ l_2 & m_2 & n_2 \\ l_3 & m_3 & n_3 \end{bmatrix} = \begin{bmatrix} \cos(\bar{x}, x) & \cos(\bar{x}, y) & \cos(\bar{x}, z) \\ \cos(\bar{y}, x) & \cos(\bar{y}, y) & \cos(\bar{y}, z) \\ \cos(\bar{z}, x) & \cos(\bar{z}, y) & \cos(\bar{z}, z) \end{bmatrix} \qquad （2\text{-}19）$$

因为局部坐标系 $\bar{x}$、$\bar{y}$、$\bar{z}$ 的各单位坐标矢量在整体坐标系下可用式（2-20）表示

$$\begin{aligned}
\boldsymbol{x}' &= l_1\bar{i} + m_1\bar{j} + n_1\bar{n} = (l_1, m_1, n_1) \\
\boldsymbol{y}' &= l_2\bar{i} + m_2\bar{j} + n_2\bar{n} = (l_2, m_2, n_2) \\
\boldsymbol{z}' &= l_3\bar{i} + m_3\bar{j} + n_3\bar{n} = (l_3, m_3, n_3)
\end{aligned} \tag{2-20}$$

所以矢量 (l_1, m_1, n_1)、(l_2, m_2, n_2)、(l_3, m_3, n_3) 两两正交，即坐标转换矩阵 $[L] = \begin{bmatrix} l_1 & m_1 & n_1 \\ l_2 & m_2 & n_2 \\ l_3 & m_3 & n_3 \end{bmatrix}$

为正交矩阵。

所以 $[L]^{-1} = [L]^T$

局部坐标系与整体坐标系存在如下关系：

$$\begin{Bmatrix} \bar{x} \\ \bar{y} \\ \bar{z} \end{Bmatrix} = \begin{bmatrix} l_1 & m_1 & n_1 \\ l_2 & m_2 & n_2 \\ l_3 & m_3 & n_3 \end{bmatrix} \begin{Bmatrix} x \\ y \\ z \end{Bmatrix} \tag{2-21}$$

令

$$[Q] = \begin{bmatrix} L & & & & & & & \\ & L & & & & & & \\ & & L & & & & & \\ & & & L & & & & \\ & & & & L & & & \\ & & & & & L & & \\ & & & & & & L & \\ & & & & & & & L \end{bmatrix} \tag{2-22}$$

则节点力与节点位移的局部坐标与整体坐标间有如下关系：

$$\{F\}^e = [Q]\{\bar{F}\}^e, \quad \{\delta\}^e = [Q]\{\bar{\delta}\}^e \tag{2-23}$$

把式（2-14）代入式（2-23）中，得到整体坐标表示的单元刚度方程为

$$\{\bar{F}\}^e = [Q]^{-1}[k][Q]\{\bar{\delta}\}^e = [\bar{k}]\{\bar{\delta}\}^e \tag{2-24}$$

第3章 湿陷性黄土地基桩基研究进展

3.1 黄土的工程特性

黄土，包括黄土（又称原生黄土）与黄土状土（又称次生黄土），是一种在中纬度干旱、半干旱气候条件下形成的第四纪沉积物。全世界黄土的总面积约 1300 万 km^2，占陆地总面积的 9.3%。中国属于黄土分布最广泛的国家之一，黄土的面积为 64 万 km^2，广泛分布于西北、华北、山东、内蒙及东北等地区，主要分布于黄河中游的陕、甘、青及山西、河南等地，这些地区黄土分布面积广，厚度大，地层发育全面而连续，有黄土高原之称。

黄土分布于干旱气候向湿润气候的过渡地带。该地带一般属于降雨量少，蒸发量大的干旱、半干旱气候类型。中国黄土分布区的年平均降雨量多在 250～500mm。年平均降雨量小于 250mm 地区，主要为沙漠与戈壁，很少有黄土出现。年降雨量大于 500mm 的地区，也基本没有黄土分布。中国的黄土堆积厚度居世界之首，以黄河中游的黄土塬为最大，其厚度中心在甘肃省的兰州地区，最大沉积厚度可达 300m 以上。由此向东西两个方向，黄土厚度逐渐减薄，西至柴达木和河西走廊一带减至 50m 以下，东至太行山东麓和燕山南麓一带，厚度减至 40m 以下。而世界其他国家黄土厚度则较薄。前苏联境内黄土厚度居世界第二位，其局部地区黄土最厚也仅为 40～50m；欧洲中部地区的黄土厚度一般不超过 10m，莱茵河谷的厚层黄土也只有 20～30m；北美洲与南美洲黄土厚度一般仅几米到十几米。

黄土的主要特征可以概括为：黄色或褐黄色，颗粒组成以粉粒（0.005～0.05mm）为主，富含碳酸盐及其他易溶盐类，孔隙比大（一般为 1.0 左右），并可见直径为 1.0mm 左右的大孔隙，垂直节理发育。黄土具有非饱和性、欠压密性、结构性、直立性、类超固结性、水敏性、湿陷性、触变性等工程特性。黄土，尤其是新黄土，因其欠压密性、水敏性、湿陷性等特性经常引发工程病害，而被工程界列为特殊土。

黄土分非湿陷性黄土和湿陷性黄土，我国湿陷性黄土一般分布在中更新世（Q2）上部、晚更新世（Q3）及全新世（Q4）等地层中。一般老黄土（午城黄土及离石黄土大部）无湿陷性，而新黄土（马兰黄土及新近堆积黄土）及离石黄土上部有湿陷性。湿陷性黄土分非自重湿陷性黄土和自重湿陷性黄土，且根据基底下各土层累计的总湿陷量和计算自重湿陷量的大小等因素，又分为Ⅰ级、Ⅱ级、Ⅲ级和Ⅳ级。湿陷性黄土特别是自重湿陷性黄土遇水湿陷时会对结构物基础产生向下的负摩擦力，使结构物失稳。

3.2 研究意义

近年来，在黄土分布地区存在大量待建和已建的高等级公路，由于黄土独特的物质组成、结构及其所处的地貌和构造环境，常常要修建大量的桥梁来跨越或连接切割强烈、起伏较大的黄土沟壑、河道和塬、梁、峁等地形。以国道主干线（GZ40）二连浩特—河口，陕西境内阎良至禹门口段为例，路线全长 176.89 公里，其中湿陷性黄土路段为 155.67 公里，约占总长的

90%。全线桥梁40座，其中特大桥7座，全部采用群桩基础，主桥桩长均在60m以上，仅该线芝川河就有钻孔桩894根。据统计，黄土地区桥梁里程占公路总里程的30%以上，其中跨径在20m以上的大、中型桥梁多采用群桩基础。我国黄土厚度大，地层完整，因而黄土地区桥梁桩基几乎全部采用摩擦桩，其特点是桩径大、桩长长，要求沉降小而均匀，对每根桩的可靠性要求高。一旦发生由于浸水或其他外部条件影响下引起的黄土湿陷，将导致湿陷范围内桩侧正摩阻力的丧失，甚至产生向下的负摩阻力，由此给桥梁基础带来的危害是致命的。

　　合理的群桩基础设计，是桥梁上部结构安全与稳定的重要保证。黄土地区桥梁摩擦型群桩设计需要解决的关键问题是桩长的取值问题，这些都与群桩负摩阻力效应和有效承载力的合理评价密切相关。交通部《公路桥涵地基与基础设计规范》（JTG D63-2007），建设部《湿陷性黄土地区建筑规范》（GB50025-2004）和铁道部《铁路工程设计手册－桥梁地基和基础》均没有明确给出群桩基础的负摩擦力计算公式和桩长的设计方法。建设部《建筑桩基技术规范》（JGJ94-2008）虽然给出了相应的计算公式，但该公式的建立是基于建筑用桩，对于桥梁群桩并不适用（研究现状中将具体分析）。目前，由于对黄土湿陷所引起的桩基负摩阻力的作用性状和计算理论认识不清，使得在桩径和桩长的设计中存在较大的随意性和不确定性，使湿陷性黄土地区桥梁群桩的设计基本上处于无章可循状态，给桥梁结构的安全稳定带来极大危害，也使资源配置效率大大降低，给工程投资造成巨大浪费。

　　显而易见，湿陷性黄土地区群桩负摩阻力的计算和取值问题，是黄土地区桩基设计亟待解决的关键技术问题。到目前为止，与负摩阻力直接相关的诸多理论问题（如负摩阻力的取值、主导影响因素和负摩阻力的群桩效应等）都还未能给出令人满意的解答，这些问题都严重制约着黄土地区桥梁桩基的建设和发展。因此，搞清湿陷性黄土地区桥梁群桩负摩阻力的群桩效应，提出科学、合理的湿陷性黄土地区群桩有效承载力计算方法，对指导桥梁桩基的设计与施工是十分必要和迫切的，具有重要的理论与实际意义。

3.3　国内外研究进展

　　国内外关于桩基负摩阻力的研究主要集中在经验公式、模型试验和现场试验三个方面。当前计算负摩阻力的经验公式主要分为总应力法和有效应力法两类，其中最常用的是Johannessen和Bjerrum基于极限分析原理提出的有效应力计算方法。该法简单明确，我国现行《建筑桩基技术规范》（JGJ94-2008）即采用该法。在此基础上，其他学者相继提出了多种计算负摩阻力的经验公式，如Zeevaert法、Bjerrum法、Janbu法和Gar-langer法等。有效应力法未能考虑桩土剪切位移，且无法反映桩土接触特性对负摩阻力的影响。此外，中性点位置确定需依据工程经验，因此，该法是一种不完整的半经验半理论方法，尚有待进一步完善。为弥补这一不足，最近我国学者赵明华等根据有效应力原理，建立了能充分考虑桩土剪切位移对摩阻力发挥程度影响的单桩负摩阻力计算分段曲线模型，给出了在不同桩土相对位移条件下单桩负摩阻力计算的分段解析式。另外，也有学者利用弹性理论来求解桩基负摩阻力，其主要思路是利用Mindlin半无限空间体作用一集中力的解析解，不考虑桩土接触处土的屈服，如Kuwabara和Poulos、Tech、Wong和Lee利用这种方法进一步研究了单桩下拉沉降的发展和群桩下拉沉降的折减与桩的相对刚度、持力层相对刚度及群桩的结构之间的关系。对于桩基负摩阻力的弹性理论解和经验法，其关键问题是不能很好地考虑桩土接触界面滑移，研究表明：考虑桩土接触时计算的负摩阻力要远小于以弹性理论和经验方法所得值，而且两种方法对于群桩负摩阻力计算的适用性还有待探讨。

我国当前与桩基有关的规范中对黄土湿陷性引起的单桩桩基负摩擦力至今未给出完善的设计、计算方法，如《灌注桩规程》（JGJ4-80）中列有当桩周土层产生的沉降超过桩基沉降时考虑负摩阻力影响的有关条文，但未给出相应的计算公式。新版《建筑地基基础设计规范》（GB 5007-2002）第 8.5 款甚至没有涉及桩基负摩阻力的条文。《湿陷性黄土地区建筑规范》5.7.2 款规定了在湿陷性黄土场地采用桩基础时，桩基础设计并应符合的要求，但是这些只是半经验性的、粗略的定性规定，至于负摩擦力如何计算，桩长如何选取则没有明确给出。

现行《建筑桩基技术规范》（JGJ94-2008）给出了考虑群桩效应的基桩下拉荷载计算公式（5.7.4-4）和负摩阻力群桩效应系数计算公式（5.7.4-5）。然而，该公式的建立是基于建筑用桩，建筑桩基桩径大于 0.8m 已属大直径桩，而对于桥梁桩基而言，常用桩径均大于 1.2m，此公式应用于大于 1.2m 的桩基计算中会出现负摩阻力群桩效应系数 $\eta_n > 1$ 的情况，致使该公式失效。利用公式（5.7.4-5）计算的不同桩径时的 η_n 值如表 3-1 所示（取桥梁群桩常用桩距 $S_{ax} = S_{ay} = 2.5d$，$q_s^n = 20\text{kPa}$，$\gamma_m = 10\text{kN/m}^3$）。

表 3-1　桩径 d 与负摩阻力群桩效应系数 η_n 的关系

桩径 d（m）	0.4	0.6	0.8	1.0	1.2	1.5	1.8	2.0
η_n	0.38	0.56	0.72	0.88	1.04	1.26	1.46	1.59

此外，该公式（5.7.4-4）亦没有考虑群桩中各桩的位置效应，最近国内外的理论研究表明，群桩中不同桩位的负摩阻力计算值差别非常明显。

总之，目前设计上对负摩阻力问题的考虑主要采取如下措施：把中性点以上或整个桩的正摩阻力略去不计，适当降低单桩承载力或者提高安全系数，当然这也只是权宜之计，最可靠的方法是现场测定桩基负摩阻力，结合施工进行试验，进一步完善理论计算。总之，探求切合实际的桩基负摩阻力的计算方法是非常必要和紧迫的。

基于此，近年来国内外学者多采用可考虑桩土界面的数值方法来模拟桩的负摩阻力问题。对于堆载等原因引起的土体下沉，可以通过在地基表面施加面荷载的方法来模拟，如 Lee 等、Hanna 和 Adel 等均用该方法分析了负摩阻力对桩基的影响。这种模拟方法仅适用于模拟存在上覆荷载的非自重湿陷性黄土的湿陷过程。而对于自重湿陷性黄土，由于其湿陷区是由于浸水导致自身大孔隙结构破坏后整体下沉形成的，湿陷过程中没有附加外力的参与（这是自重湿陷与非自重湿陷计算建模的重要区别），因此上述方法不适用于模拟自重湿陷性黄土的沉陷。对于自重湿陷性黄土，从有限元模型建立来说，要求湿陷区黄土产生湿陷变形并对桩产生向下的摩擦力，同时要求下部未湿陷土体不发生变形，这就要求上部湿陷土层单元节点力不传递到下部未湿陷土体单元，从常规的角度来说这一力学模型很难实现。为此李晋提出了初应力释放法来模拟自重湿陷这一现象。在此研究的基础上，提出了自重湿陷性黄土地基单桩合理桩长的确定方法——叠加法，并用该方法系统分析了桩周湿陷土层工程特性、湿陷深度及桩体参数等因素对桩基承载性状的影响。

由于工程需要，近几年在湿陷性黄土场地进行了多次现场浸水桩基试验，主要有：谢永利、冯忠居、李晋等对湿陷性黄土场地上的桥梁单桩进行了现场浸水和非浸水加载试验，对两种状态桩基的承载特性进行了对比分析；黄雪峰、陈正汉等在自重湿陷性黄土厚度大于 35m 的场地上进行了挖孔灌注桩的大型现场载荷浸水试验，试验结果表明：实测负摩阻力远高于黄土规范建议的负摩阻力值。马侃彦、张继文、王东红等通过对关中某地钻孔灌注桩在预湿和后湿状态下的静载试验和同步进行的桩身应力测试。探讨了自重湿陷性黄土中桩侧负摩阻力的发生和发展过程，中性点位置的变化过程及桩侧阻力的发挥规律等。上述试验主要针对黄土地基浸水状态下单桩的承载特性和负摩阻力分布规律进行了研究，得到了许多对工程设计有指导意义的结论。由于负摩阻力现场试验耗资大、周期长，因而相关资料很少，对于桥梁群桩负摩阻力的现场试验还未见报道，依然停留在模型试验的水平。

为了深入探讨桩基的负摩阻力，近几年国内外学者开展了一系列模型试验研究，得到了关于地基沉陷深度与中性点位置、负摩擦力和轴力分布规律之间关系等的定性结论。而对于桩基模型试验的可靠度一直没有定论，有些学者认为将模型试验或小型群桩试验的结果直接应用到实际工程上时要考虑模型尺寸的影响。其原因就是在利用一般模型试验研究桩土共同作用时，由于模型箱尺寸的限制，土体、桩体均按比例缩小，则同一深度处土体自重亦等比例缩小，试验无法再现由重力控制的等效土体应力水平，从而无法达到用模型表现原型单桩和群桩受力特性的目的；另外，对于粘性土，其固结过程很难控制，常常历时数月，给大规模试验带来很大不便。采用土工离心机则能用与重力等效的离心惯性力来再现原型中土体的应力水平，且可以把漫长的固结过程控制在很短的时间内完成。因此，离心模型试验是用来研究桩基受力机理强有力的试验手段。

目前，国内外在桩基离心模型试验方面开展了广泛研究，主要围绕沉桩方法对承载力的影响、群桩组合桩型及地基土质对承载力的影响、水平受荷桩承载特性和动荷载下桩土工作性状等方面来开展。模型选用的地基主要针对砂土或饱和粘土地基，相对来说，砂土地基模型制作容易实现。黄土变形受其颗粒骨架、微结构、孔隙性、胶结成分等多种因素控制，而要在离心试验中再现黄土的湿陷过程，则要保持试验时黄土的天然微结构特性，因此必须选取原状黄土来制作模型，当前还未见针对原状黄土地基来制作桩基地基模型，利用离心模型试验来研究湿陷性黄土群桩的负摩阻力这一思路还没人提出。

总之，国内外对于群桩负摩阻力的理论研究主要针对有上部荷载的土体固结产生的负摩阻力，针对由于地基湿陷引起的桩基负摩阻力的研究较少，室内外试验也很少有这方面研究。对于湿陷地基作用下群桩的负摩阻力、沉降和承载力还缺乏有效的计算方法。

由于黄土分布的广泛性和特殊的工程特性，黄土的基础工程设计问题越来越受到工程界和学术界的关注，从总体上讲，这个问题虽在付出了相当学费之后得到了一定的实践经验和局部认识，但还缺乏较为系统深入的研究。因此，提出一套完整、科学、合理的湿陷性黄土区桩基设计技术，对黄土地区高等级公路桥梁桩基的设计与施工是十分重要的。

第4章 浸水黄土地基大型桥梁桩基现场静载试验

4.1 工程概况

4.1.1 工程简介

芝川河特大桥是二连浩特—河口国道主干线（GZ40）与禹门口—阎良高速公路上的一座特大桥梁，该桥起点桩号 K27+081.000，终点桩号左半幅为 K30+115.190，右半幅为 K30+120.843，桥梁总长：左半幅 3034.190m，右半幅 3039.843m。主桥为 12 联主跨 50m 预应力混凝土 T 梁，跨径分割为 12×(4×50)m，引桥为四联跨径 30m 预应力连续箱梁，跨径分割为 3×(5×30)+6×30m。桥梁下部结构采用桩基础，每幅承台下布置 9 根长 60 余米、直径 1.5m 的桩基。

4.1.2 地质概况

桥址区地貌单元为黄土台塬和黄河、居河高漫滩。K27+000～K27+210，K27+455～K30+160 为黄土台塬，K27+210～K29+455 属于黄河、居河高漫滩。黄土台塬与高漫滩之间为高边坡。

K27+000～K27+210 黄土台塬段分布于居河东岸，塬面开阔而平坦，地形稍有起伏，标高为 464.0m。与高漫滩呈陡坎或陡坡相接，高差约 100m，上部地层为黄土，层厚约 29.4m，下部地层为冲积细砂、粉土，层厚 30m，坎（坡）前分布有坡积物；K27+455～K30+160 高漫滩段分布于居河两侧，呈带状，宽约 2245m，标高 360.7～359.7m，滩面平坦，由粉土、砂类土组成，夹有淤泥质土和粉质粘土，厚 16.0～33.6m，居河分布有卵、砾石，厚度达 10 余米，其下为细砂、粉质粘土，厚约 25m，底部为细砂，夹有薄层粘性土和卵石；K27+210～K29+455 黄土台塬段分布于居河右岸，由于沟谷切割，塬面破碎，呈不规则的条带状或块状分布，与高漫滩的高差约 28～62m，上部为黄土，层厚约 35m，下部为粉质粘土和细砂。

4.1.3 试验概况

桩基承载性状试验区位于 K29+455～K30+160 范围，该地段属湿陷性黄土，层厚约 35m，下部为粉质粘土和细砂。

试桩采用旋挖钻成孔，桩长 35.0m，直径 1.2m。沿桩身布设 156 个弦式钢筋应力计，52 个混凝土应变计。试验中，其中 9 个钢筋应力计、2 个混凝土应变计在施工过程中失效，仅占预埋件的 5.3%，试验成果的可靠性完全可以得到保证。所有预埋测试元件的数据均采用 QLA-2 型钢弦式智能测频仪采集。加载采用 2 个 500t 千斤顶和 2 根直径 1.2m、长 35.0m 的锚桩组成反力装置。桩顶位移采用 4 个百分表测量，固定百分表的基准梁应考虑温度与变形的影响，基准梁放置在特别加工的马凳上，并在其上面覆盖彩条布。试验采用慢速维持荷载法，荷载分级为 1/10 加载，每级加载 800kN。

4.1.4 试验研究目的

探讨湿陷性黄土地区桩基荷载传递规律，分析各级荷载作用下桩土作用机理、湿陷区干燥状态及浸水状态单桩竖向承载力变化情况，判别各种情况下工程用桩的桩侧摩阻力、桩底反力，验证桩长设计参数是否合理，进一步优化桩基础设计，获得在设计荷载作用下桩基产生的沉降变形，为桥梁上部结构的施工控制提供合理的控制指标，确保黄土地区大桥的设计、施工的合理性及其竣工后的正常运营；同时研究湿陷性黄土湿陷范围及负摩阻力的大小与分布，为黄土地区的桥梁桩基设计与施工提供合理的设计技术指标，确定黄土地区桩基合理埋深，为设计部门提供在同类地质条件下更为可靠的基础计算参数。

4.1.5　试验研究内容

根据现场实际情况，在考虑影响桩基础承载力的相关因素后，通过现场静载试验，完成以下研究内容：

（1）桩身侧摩阻力沿桩长的分布性状及其负摩阻力影响范围；

（2）桩在各级荷载作用下桩身轴力分布性状；

（3）桩在各级荷载作用下桩端反力大小的分布；

（4）各土层桩侧摩阻力的建议值及既定荷载作用下的有效桩长。

4.1.6　试验研究思路

黄土遇水湿陷，在桩周产生负摩阻力，从而影响桩的承载力。对位于黄土区域的桩基浸水前、后进行桩承载力试验，研究黄土浸水前、后桩承载力的变化性状及桩的侧阻力变化性状；在分析浸水期间桩自身及桩周土的沉降变形规律的基础上，结合大桥设计资料及理论分析，对浸水前、后桩的承载力进行评价。

4.2　现场试验方案

4.2.1　试桩设计

现场试桩为 2 根，试桩位于下行线靠黄河一侧，其桩径为 1.2m，桩长为 35.0m，25#混凝土浇筑。由于试桩顶面需放置 2 台 500 吨千斤顶，桩顶局部压应力较高，因此对试桩顶面的局部承压能力进行了验算。依据验算结果，采用了加密箍筋间距、设置承压钢筋网、提高混凝土标号等综合加固措施。整个试验结果证明，桩顶未出现由于局部承压能力不足而导致试验终止的现象。

4.2.2　测试元件布设

测试元件是为采集试桩受荷后的变形及内力变化与分布的有关数据而设置的，因此其预埋的合理与否将直接关系到数据处理结果能否反映实际真实情况。试验中采用的测试元件有钢筋计、混凝土应变计及百分表。

（1）钢筋计、混凝土应变计埋设。

试桩测试元件的布设是整个试验的核心，将试桩测试元件的埋设分两个节段，上段 20 米每米设置一个断面，钢筋计呈 2-4-2-4···布置，混凝土应变计呈 0-2-0-2···布置，即每个断面分别安放 2 只或 4 只弦式钢筋计，以及间隔一个断面安放 2 只弦式混凝土应变计；下段 15 米每 2 米设置一个断面，钢筋计与混凝土应变计的布置同上，试桩钢筋构造如图 4-1 所示。每根试桩共需钢筋计（量程为-20～50kN）106 个、混凝土应变计（量程为 40kN）36 个、线长约 5680 米。锚桩钢筋构造如图 4-2 所示。

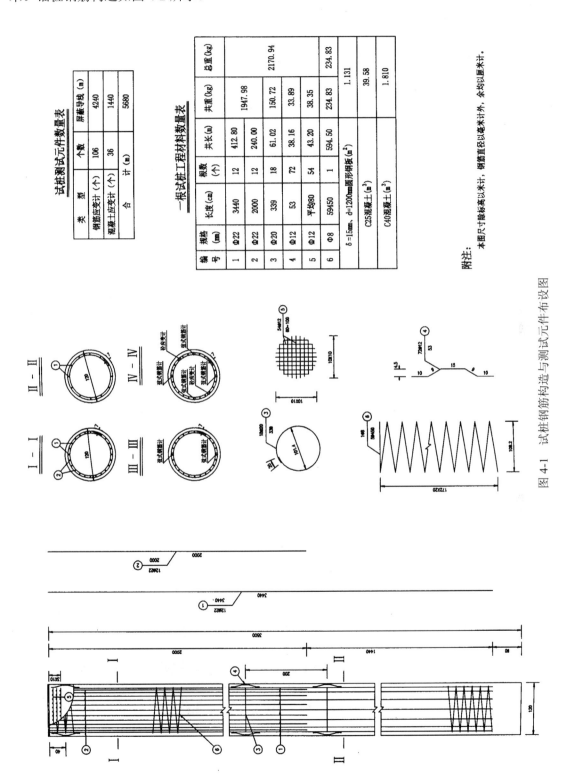

图 4-1　试桩钢筋构造与测试元件布设图

一根锚桩工程材料数量表

编号	直径 (mm)	长度 (cm)	根数	共长 (m)	共重 (kg)	总重 (kg)
0	⌀32	400	14	56.00	353.55	883.87
b	⌀32	600	14	84.00	530.32	
1	⌀28	3604	24	864.96	4180.92	4180.92
2	⌀20	335	18	60.30	148.94	148.94
3	⌀12	53	72	38.16	33.89	33.89
4	⌀8	61060	1	610.60	241.19	241.19
C25 混凝土 (m³)					39.6	

附注:

本图尺寸除标高以米计,钢筋直径以毫米计外,余均以厘米计.

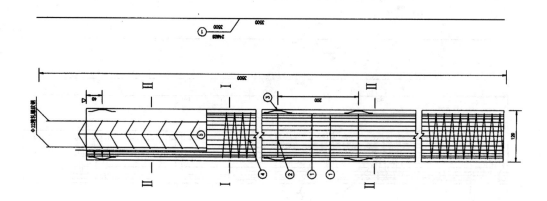

图 4-2 锚桩钢筋构造图

预埋件安装注意事项：

①钢筋计与试桩的主筋串联焊接，焊接温度不宜过高，加工过程中应采用浸水湿毛巾降温措施；

②混凝土应变计应牢固固定于受力钢筋周围，以免混凝土浇筑过程中滑移松动。

（2）百分表布设。

百分表是为测试量桩在每级荷载下的沉降而布设的，现场试验中在桩的 2 个正交直径方向各设置一个，对称安置 4 个，其量程为 50mm。沉降测定平面离桩顶距离为 80cm，并在该平面安设支架。固定百分表的磁性架和支承百分表的支架及基准梁，在构造上考虑温度等因素的影响后设置了隔温措施。百分表安装时应注意：

① 百分表的磁性架在基准梁上应固定牢靠；

② 百分表导杆和支架应紧密接触并使百分表导杆竖直；

③ 开始加载前应将百分表初读数调整为零。

4.2.3　锚桩设计

本次试验的预期加载极限为 8000kN，由两根呈一字形布置的锚桩提供反力，每根锚桩设计的抗拔力为 5000kN。经多种方案比选及理论计算，试桩工程的锚桩桩径为 1.2m，桩长为 35m。

锚桩桩顶部分设有 14 根 Φ32 的预应力高强精轧螺纹钢筋，再配以垫圈、螺母，使锚筋与锚板反力系统形成稳固连接。

4.3　加载系统设计

考虑到实际加载吨位的要求，采用 2 台 500 吨油压千斤顶，连接两台具有自动补偿的装置电动油泵进行加载（其中一台备用）。千斤顶、油表、油泵均进行了必要的标定和校验，油压加载系统采用 0.4 级的高精度压力表测定油压，并由千斤顶率定曲线换算成荷载。

4.3.1　反力梁设计

反力梁长度的确定要满足试验中各种桩距的要求，经理论计算与多方论证，最终确定梁长为 11.2m，设计吨位 800 吨。反力梁的设计较复杂，因其跨度较大，而柔性大是钢梁的共同特点，因此，刚度是控制反力梁设计的主要因素。从某种意义来讲，满足其强度要求较易，而满足其刚度要求则较难，且考虑到节省钢材、减轻吊装重量等因素，无限制地加大用材量显然不可取。根据反力梁的受力特点，采用了变截面钢梁设计，这样虽然加大了加工难度，但却大大减少了材料用量，减轻了自重，同时减小了设计荷载作用下的挠度，并满足设计要求。经试验中实际测量，当桩顶加载至 8000kN 时，反力梁的挠度不足 7mm，基本与预期相符。

为方便锚筋与反力梁的连接，在反力梁上利用螺栓固定锚板并将其设计成梳型。实践证明，这种锚板在钢梁上可自由移动的锚固体系，具有节省材料，适应性强，且能提高结构整体稳定性的优点。

反力梁的合理设计是整个试验加载得以顺利实施的重要保证。在设计中遵循了以下几项原则：

（1）保证反力梁具有足够的强度，在 10000kN 的反力作用下不致破坏，并有一定的安全度；

（2）保证反力梁具有足够的刚度，在设计反力的作用下不致发生过大的变形，以致挠度过大而过多损失千斤顶行程，造成后期加载困难；

（3）保证反力梁整体及局部的稳定性，使其在高应力状态下不致发生失稳破坏；

（4）保证反力梁的整体连接和局部承压的可靠性，使其尽可能减少对千斤顶行程的损失，并能满足局部承压的要求。

考虑以上各项要求，并结合工期的限制、加工能力、运输条件及吊装设备等实际情况，按此标准进行设计的反力梁采用全焊结构，整体性好，刚度大。

4.3.2　反力梁的加工

钢梁的连接方式有三种：铆接、栓接和焊接。本试验设计的反力系统的反力梁采用全焊结构。焊接工艺的基本原则为：

（1）结构为全焊结构，应尽可能采用埋弧自动焊、双面焊，在确因空间限制而有困难，采用人工焊、单面焊时，上岗人员必须有相应资质，焊接工艺严格按照《公路桥涵施工技术规范》及有关技术标准执行，并对焊缝进行射线探伤；

（2）焊接时钢板预留坡口的形状和详细尺寸应按国家标准 GB985-80 和 GB986-80；

（3）焊接过程分层分段进行，防止因温度过高造成过大的温度内应力，另外尽量避免焊缝的交叉；

（4）钢材的切割与坡口的切割要确保精确，防止由于裁边不当而造成过大的内应力；

（5）焊接中应首先保证顶、底板两块钢板的整体性，为防止焊缝交叉，两块腹板可不焊成整体，但必须与顶、底板焊牢。

4.3.3　加载系统安装

加载系统的安装就位是确保试验正常进行及测试效果好坏的关键（如图 4-3 所示），因此，在安装过程中应遵从以下事项：

（1）布置千斤顶。

在定出试桩的中心点后，将千斤顶沿主梁方向对称就位，应保证两千斤顶的中心连线、试桩的对称线与预期主梁纵向对称平面重合。在实际定位中，千斤顶的布置误差应小于 5mm，从而保证加载时试桩免受过大偏心荷载的影响。

（2）安装钢盖板。

钢盖板的安装应使其重心位于千斤顶的中心，它的作用一方面可分散过大局部压应力，另一方面可使两台千斤顶协同工作。

（3）安装反力梁。

应保证反力梁纵向对称平面与两千斤顶中心连线重合，反力梁竖向对称线经过试桩中心点，防止反力梁受到偏心荷载作用。在实际控制中，两项误差均小于 10mm，在容许范围之内。

（4）锚桩与反力梁的连接。

锚筋插入锚板支架，安装套板、垫圈，旋紧螺母。用水准仪测量安装的主、反力梁是否水平，否则可通过调整反力梁两端的螺栓，使其达到水平。

如图 4-4 所示为加载系统现场。

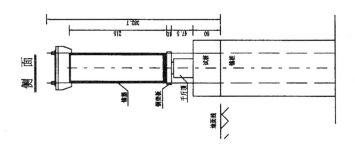

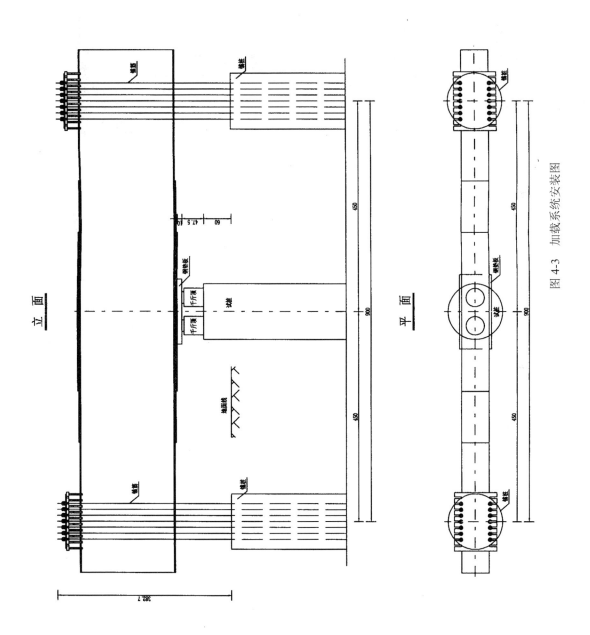

图 4-3　加载系统安装图

图 4-4　加载系统现场

4.4　试验加载与测试

4.4.1　测试内容

试验测试内容包括桩顶沉降、桩身截面应力应变及钢筋应力。

桩顶沉降测试是测读每级荷载下桩顶的沉降变形量。试验中以两根工字钢作为基准梁，上置磁性表架以固定百分表，并为每个百分表设置一个摄像镜头，采用远程读数系统，通过切换器从显示器上直接采集百分表读数形成桩顶位移测试系统，试桩顶上共设置 4 只百分表。锚桩顶面位移可采用精密水准仪进行监测。

桩身截面应力应变通过沿桩身布设的钢筋计、混凝土应变计、压力盒测定。测读要求为：试验加载前分别测试各元件的初始读数；以后每级荷载施加后 30 分钟及桩顶沉降稳定时各测读一次；卸载时每级荷载每 30 分钟时测读一次；卸载完毕后 4 小时测读一次。

4.4.2　加、卸载方法

试验采用慢速荷载维持法。根据试桩预估极限荷载为 16000kN（或 8000kN），加载分级按 500kN 一级，第一级取 500kN 的两倍即 1000kN 加载。

4.5　浸水试验设计

4.5.1　浸水范围

以试桩为中心，开挖一个长 19.2m，宽 10.0m，深 0.8m 的基坑（如图 4-5 所示）。

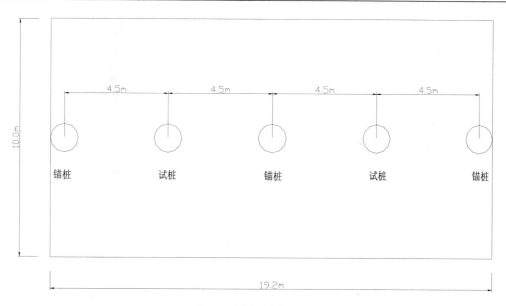

图 4-5　浸水范围示意图

4.5.2　注水孔设计参数

（1）孔深 15.0m，孔距 2.0m，孔径 10cm。

（2）注水孔技术要求。

①成孔后要求每孔孔内填中粗砂或碎石；

②在开挖基坑底面铺设 20cm 的中粗砂或碎石。

4.5.3　测点布设

试验测点共 32 个，其中 24 个测点布设沉降标，8 个布设在试桩桩顶（注水孔布设如图 4-6 所示）。沉降标要求稳定性好且不易变形，其设计形式如图 4-7 所示。沉降板示意图如图 4-8 所示。

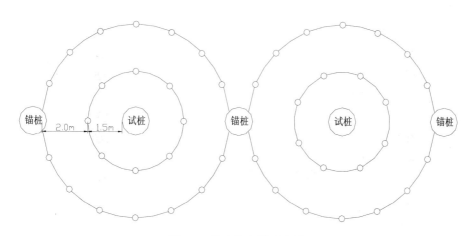

图 4-6　注水孔布设示意图

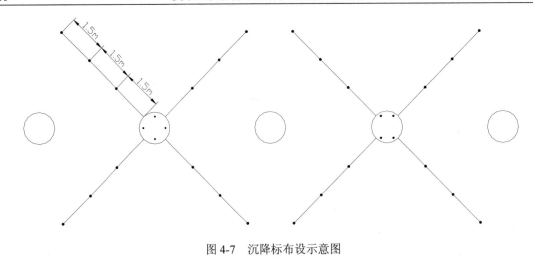

图 4-7　沉降标布设示意图

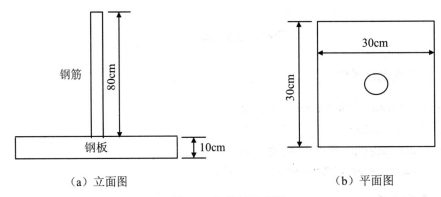

（a）立面图　　　　　　　　　　　　　　（b）平面图

图 4-8　沉降板示意图

4.5.4　测试设计

（1）测试仪器。

①精密水位仪；

②频率计及数据采集分析系统。

（2）浸水及测试要求。

①浸水要求。

在桩周浸水期间应保证某一固定水位，以确保浸水效果和测试成果的规律性。利用测试成果判定黄土浸水后的湿陷变形是否完成，并进一步确定桩的静载试验日期。

②沉降观测及其测试元件数据采集。

（a）浸水期间每天早晚各测量一次测点的标高并计算出沉降量；

（b）浸水期间每天测试一次钢筋应力计和混凝土应变计的频率。

4.5.5　浸水试验保温措施

在冬季为确保试桩充分浸水，应保证试验用水的温度大于摄氏零度和水头压力，故在现场搭建保温棚，保温棚长 20.0m，宽 12.0m，高 2.0m。保温棚内悬挂 6～9 盏碘钨灯。

4.6　试验成果分析

4.6.1　试验成果

试验成果如图 4-9 至图 4-36 所示。

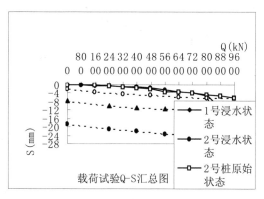

图 4-9　1、2 号试桩 Q-S 曲线汇总图

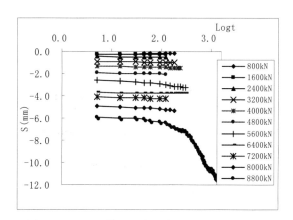

图 4-10　1 号试桩（浸水状态）S-Logt 分布曲线

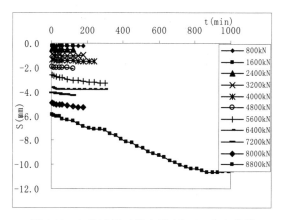

图 4-11　1 号试桩（浸水状态）S-t 分布曲线

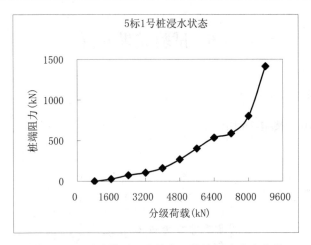

图 4-12　1 号试桩（浸水状态）桩端阻力分布曲线

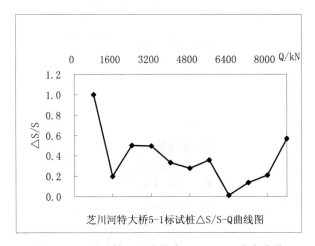

图 4-13　1 号试桩（浸水状态）△S/S-Q 分布曲线

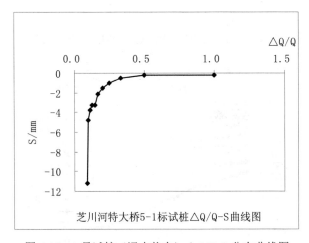

图 4-14　1 号试桩（浸水状态）△Q/Q-S 分布曲线图

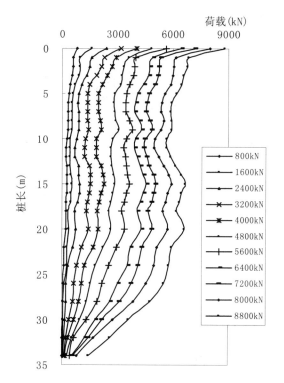

图 4-15　1 号试桩（浸水状态）轴力分布曲线

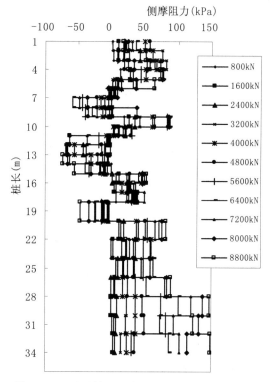

图 4-16　1 号试桩（浸水状态）侧摩力分布曲线

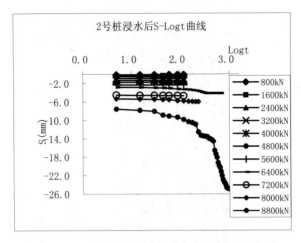

图 4-17　2 号试桩（浸水状态）S-Logt 分布曲线

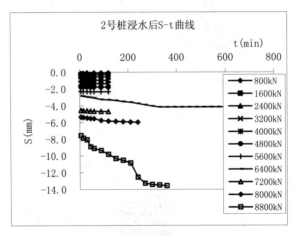

图 4-18　2 号试桩（浸水状态）S-t 曲线

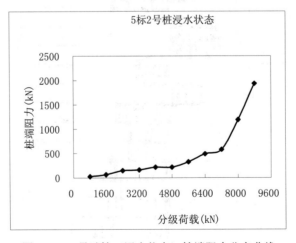

图 4-19　2 号试桩（浸水状态）桩端阻力分布曲线

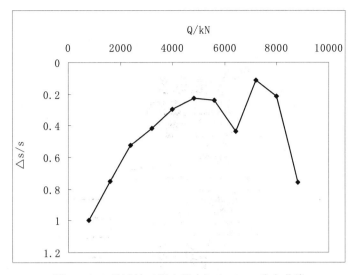

图 4-20　2 号试桩（浸水状态）△S/S-Q 分布曲线

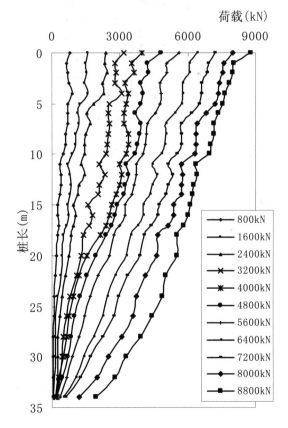

图 4-21　2 号试桩（浸水状态）轴力分布曲线

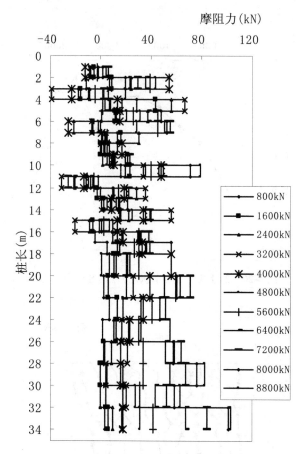

图 4-22　2 号试桩（浸水状态）侧摩阻力分布曲线

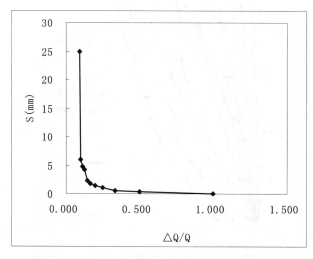

图 4-23　2 号试桩（浸水状态）△Q/Q-S 分布曲线

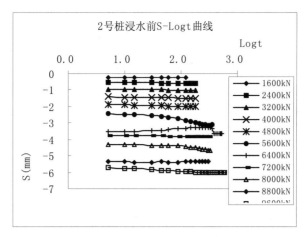

图 4-24　2 号试桩（原始状态）S-Logt 分布曲线

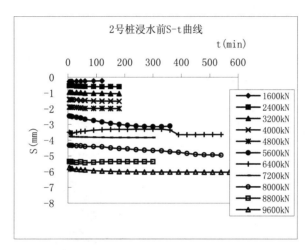

图 4-25　2 号试桩（原始状态）S-t 分布曲线

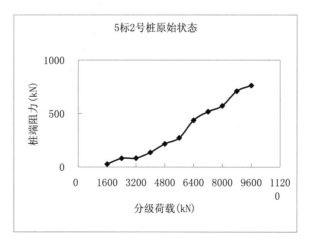

图 4-26　2 号试桩（原始状态）桩端阻力分布曲线

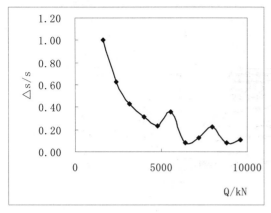

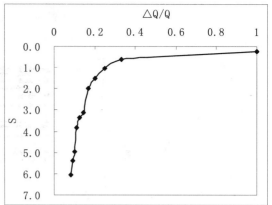

图 4-27　2 号试桩（原始状态）△S/S-Q 分布曲线　　图 4-28　2 号试桩（原始状态）△Q/Q-S 分布曲线

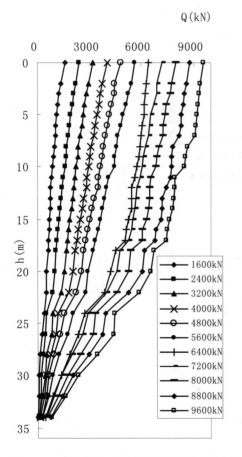

图 4-29　2 号试桩（原始状态）轴力分布曲线

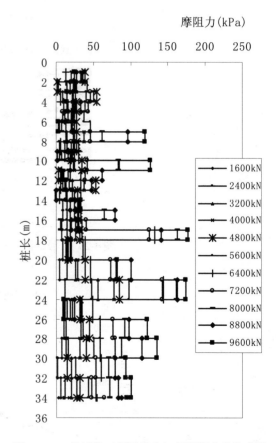

图 4-30　2 号试桩（原始状态）侧摩阻力分布曲线

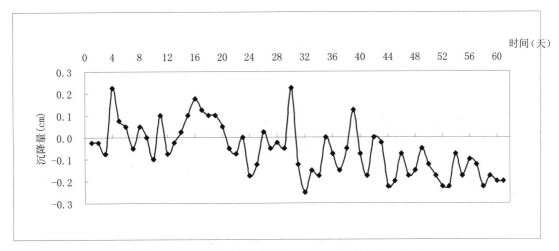

图 4-31　1 号试桩（浸水期间）桩顶沉降－时间分布曲线

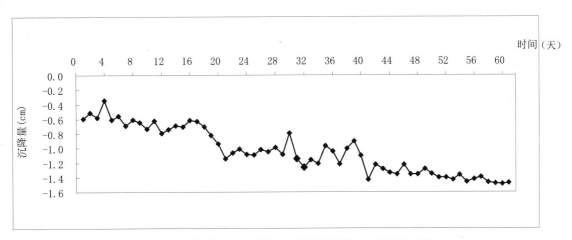

图 4-32　1 号试桩（浸水期间）桩周土沉降－时间分布曲线

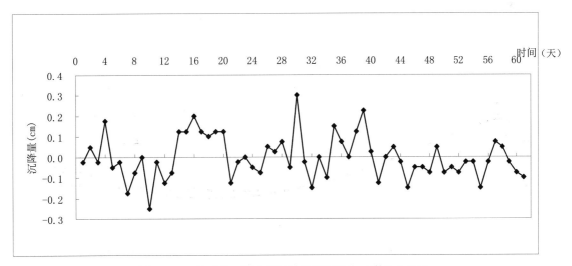

图 4-33　2 号试桩（浸水期间）桩顶沉降－时间分布曲线

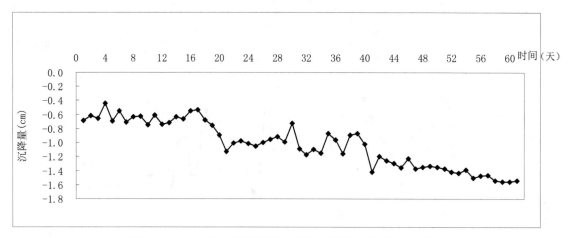

图 4-34　2 号试桩（浸水期间）桩周土沉降－时间分布曲线

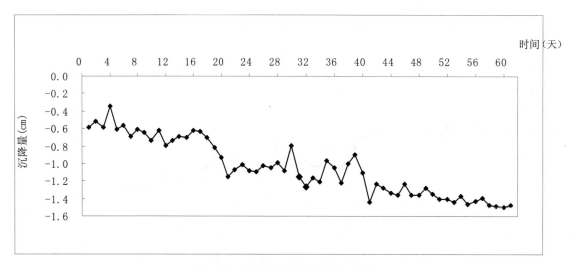

图 4-35　浸水平均沉降分布曲线图

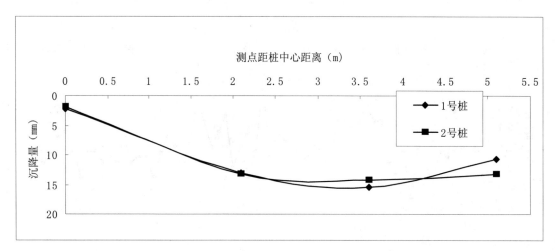

图 4-36　桩周土延径向沉降分布曲线图

4.6.2　桩浸水后的承载特性

1. 桩周土的浸水特性

桩侧负摩阻力是由于桩侧土的沉降变形量大于桩沉降变形量引起的，因此，试验通过桩周浸水，研究负摩阻力的变化性状。浸水历时 48 天，浸水量达 6000m³，浸水后桩周土的沉降量平均值达 1.4cm，说明试验桩区域的黄土属弱湿陷性黄土或非自重湿陷性黄土，浸水期间桩周土的沉降随时间的变化规律和浸水完成后桩周土径向沉降变形规律分别如图 4-32（1 号试桩）、图 4-34（2 号试桩）和图 4-36 所示，从中可以看出，桩周土在沉降期间因气候因素的影响有较大的波动，即有反弹的情况出现，但最终是产生向下的沉降量；沉降沿桩的径向向外的分布情况则表明：受边界条件的影响，桩位处的土及基坑边缘处的沉降变形较小，中间部位的沉降量则相对大些。

2. 桩的浸水特性

桩顶沉降观测点的沉降分布曲线如图 4-31（1 号试桩）和图 4-33（2 号试桩）所示，结果表明：在浸水期间，桩的沉降变形量和其周围土的浸水特性一致，即随时间的变化因温度等因素的影响，沉降变形有反弹，但从量的角度而言，桩顶的沉降量 1 号试桩 0.2mm、2 号试桩 0.1mm，较桩周土的沉降变形量小得多。

4.6.3　桩的承载力性状

1. 浸水前、后桩的承载力

图 4-9 为浸水前后 1、2 号试桩 Q-S 曲线汇总图，可以看出 2 号桩浸水前的 Q-S 分布曲线变化规律，随着荷载的增加，桩的沉降变形近似呈线性增加，没有明显的反弯点，即使施加荷载达最大值 9600kN，桩的沉降量仅为 6.04mm，很难直接由曲线中确定出桩的极限承载力。由图 4-25 至图 4-28 可以看出，在排除因温度影响而出现的沉降反弹情况外，亦未见有明显的变化特征显示桩达极限状态，因此，浸水前的 2 号试桩极限承载力大于 9600kN，这一结果明显大于芝川桥黄土区桩的极限承载力设计值 8000kN。

由 1 号试桩浸水后的 Q-S 分布规律曲线（如图 4-9 所示）可以看出，当荷载达 8000kN 时曲线出现明显的反弯点，由此可以初步判断浸水后 1 号试桩的极限承载力为 8000kN。这一结果由图 4-10 至图 4-13 等曲线形态可进一步得到证明，当荷载小于或等于 8000kN 时，各级荷载下分布曲线的斜率近似为恒值，而荷载大于 8000kN（即 8800kN）时，曲线的斜率明显异常，加载历时比前一级长许多，沉降变形比前一级荷载高达 5 倍，因此该桩的极限承载力为 8000kN，此时桩的沉降量为 5.30mm。

在对 2 号试桩浸水前的静载试验完成后，将其与 1 号试桩一并浸水后又对其进行了静载试验，其 Q-S 分布规律曲线及 S-Logt 分布规律曲线示于图 4-9 和图 4-10，从图中可以看出，浸水后其极限承载力亦为 8000kN，此时的沉降量为 5.971mm。

由 1 号、2 号试桩 Q-S 曲线汇总图（图 4-9 所示）、S-Logt 曲线（图 4-10 和图 4-17 所示）及 S-t 曲线（图 4-11 和图 4-18 所示）可以看出，尽管 1 号试桩先浸水后加载，2 号试桩先加载后浸水，但它们的承载力是相同的，沉降变形量亦基本相同，这说明湿陷性黄土地区的桩基无论是先加载后浸水还是先浸水后加载，黄土的湿陷性对桩承载力和沉降变形量的影响程度基本一致。

2. 浸水前、后桩承载力的变化

2 号试桩浸水前、后的极限承载力差异明显，前者远大于后者；而在相同荷载下，桩在浸水前的沉降量远小于后者，这说明桩周浸水引起桩侧湿陷性黄土发生湿陷，其抗剪强度降低，对桩承载力有明显影响。如表 4-1 所示。但是试验结果也反映出该区域桩侧的负摩阻力较小，说明试验区黄土的湿陷性较小，属弱湿陷性黄土或非自重湿陷性黄土。

表 4-1　浸水前后桩承载力与沉降量

	1 号试桩（浸水）	2 号试桩（浸水）	2 号试桩（原始状态）
极限承载力（kN）	8000	8000	9600
沉降量（mm）	5.30	5.97	6.04

4.6.4　桩身轴力及桩端阻力发挥性状

1. 浸水前桩的轴力及端阻力发挥性状

由图 4-26 和图 4-29 曲线的分布规律可以看出，在各级荷载作用下，随着桩入土深度的增加，桩身轴力逐渐减小，说明桩在传递竖向荷载过程中，大部分荷载转嫁给了桩侧土体，桩端承受的荷载很小，试桩显示出摩擦桩的力学特性。

在施加荷载过程中，当荷载较小时，荷载主要由桩侧摩阻力承担，传至桩端的荷载较小，随着荷载的增加，传至桩端的荷载也增加，当加载至次最大值 8800kN 时，桩端荷载达 763.47kN，仅占总荷载的 8.7%。

2. 浸水后桩的轴力及端阻力发挥性状

由图 4-12 和图 4-19 曲线的分布规律可以看出，桩周黄土在浸水后其轴力的分布性状总体趋势是从地面向下逐渐减小，但沿桩长向下某些断面区间的轴力相对提高，尤其是图 4-14 表现最为明显，出现这一情况的原因是在相应断面区间可能产生了负摩阻力的缘故。同时，传至桩端的荷载随着加载等级的提高而提高，如图 4-15 和图 4-21 所示。当加载至 8800kN 时，1 号试桩与 2 号试桩端阻力分别为 1415.94kN 和 1933.76kN，分别占所加荷载的 16.1% 和 22.0%。2 号试桩较 1 号试桩的端阻力大些，原因是 2 号试桩在浸水前已进行了一次原状土情况下的静载试验，且其加载最大达 9600kN，桩周土已产生了部分塑性变形，使其桩周阻力的发挥受到影响所致。

3. 浸水前、后桩轴力与端阻力的对比分析

图 4-15、图 4-21、图 4-29 桩的轴力分布曲线的规律表明：桩周土浸水前、后轴力的分布规律有较大的差异，在各级荷载作用下，前者是随着桩的入土深度的增加轴力减小，而后者则是随着桩的入土深度的增加，轴力不减反增，这是由于桩周黄土浸水后产生湿陷所致。桩的端阻力均是随着加载等级的增大而增大（如图 4-12、图 4-19 和图 4-26 所示），当荷载较小时，浸水后桩端阻力较未浸水的桩端阻力小，但当荷载超过某一值时，浸水后的桩端阻力较未浸水时的大（如表 4-2 所示），即浸水后的桩端阻力较浸水前的桩端阻力增大的幅度大。

表 4-2　浸水前、后的桩端阻力

	P（kN）	800	1600	2400	3200	4000	4800	5600	6400	7200	8000	8800	9600
1 号试桩	P_b（kN）	0.1	26.8	72.5	105.7	160.6	267.6	401.4	535.3	588.6	802.6	1415.9	
	X_i（%）	0	1.7	3.0	3.3	4.0	5.6	7.2	8.4	8.2	10.3	16.1	
2 号试桩（浸水）	P_b（kN）	27.1	65.8	148.1	162.4	217.8	227.8	327.1	490.6	581.6	1192.2	1933.8	
	X_i（%）	3.4	4.1	6.2	5.1	5.4	4.7	5.8	7.7	8.1	14.9	22.0	
2 号试桩（原状）	P_b（kN）	27.4	81.6	81.9	136.4	218.1	272.6	436.4	518.3	572.5	708.7	763.5	
	X_i（%）	3.4	5.1	3.4	4.3	5.5	5.7	7.8	8.1	8.0	8.6	8.7	

说明：P 为桩顶荷载，P_b 为桩端阻力，$X_i = P_b/p \times 100\%$。

4.6.5　桩的侧阻力发挥性状

1. 浸水前桩的侧阻力发挥性状

2 号试桩（原始状态）的轴力分布曲线（如图 4-29 所示）形态与轴力传递值可以反映出桩侧阻力的发挥性状，桩身土层间的轴力差值越大，轴力曲线斜率越大，土层间的侧阻力也越大。由图 4-30 可以明显看出，加载较小时，侧阻力发挥较小，随着加载等级的增大，桩侧阻力逐渐增大，当加载最小至 4800kN 时，桩侧局部范围内的土层已达极限侧摩阻力值，当加载达最大 9600kN 时，桩 26m 以上大部分土层的侧阻力达极限值，而 26m 以下则仍未达极限值。桩侧土层达极限状态侧阻力值在 29.75～99.87kPa 之间，未达极限状态侧阻力值最大达177.12kPa。

2. 浸水后桩的侧阻力发挥性状

1 号试桩的轴力分布曲线形态（如图 4-15 所示）可以明显反映出桩侧负摩阻力的变化规律，当荷载较小时，桩产生的沉降变形量较小，桩在部分土层产生负摩阻力（如图 4-16 所示），随着荷载的增大，桩的沉降变形量也增大，相应的负摩阻力减小；当不同土层荷载增大不同值后，大部分原产生负摩阻力的土层开始提供正摩阻力，而部分未出现负摩阻力的土层，其桩侧阻力达极限状态。另外，地质勘察表明，桩在 20.0m 以上为黄土，以下则为红粘土，从图 4-16 中可以看出，桩在 20.0m 以下未见有负摩阻力出现。1 号试桩的负摩阻力在-5.20～-69.44kPa 之间变化，正极限摩阻力在 29.39～86.71kPa 之间变化，最大摩阻力为 149.02kPa。

2 号试桩则由于在完成静载试验以后浸水，之后再进行一次静载试验，因此其侧摩阻力分布（如图 4-22 所示）和 1 号试桩的情况相比有一定差异，但由于 2 号试桩桩侧的地质情况和1 号试桩的基本相同，因此浸水后桩侧亦出现负摩阻力，但负摩阻力出现的部位不一致。2 号试桩的负摩阻力值在-2.18～-38.82kPa 之间变化，正极限摩阻力则在 16.53～71.20kPa 之间变化，最大摩阻力为 102.79kPa。

3. 浸水前后桩侧阻力对比分析

从图 4-21、4-22、4-29、4-30 的分布曲线可以看出：①桩在浸水前桩侧土层提供的都是正摩阻力，而浸水后桩侧在 20.0m 以上的大部分土层产生了负摩阻力，20.0m 以下的土层都为正摩阻力；②浸水前、后在 20.0m 以下桩侧达极限摩阻力的土层不同，且后者较前者的多，这是由负摩阻力引起的；③浸水前、后桩侧极限摩阻力的范围差异不大，前者在 29.75～99.87kPa之间，后者则在 29.39～86.7kPa 之间。浸水前后桩侧摩阻力的变化如表 4-3 所示。

表 4-3　浸水前后桩侧土层最大最小侧摩阻力

埋深（m）	1 号试桩		2 号试桩		2 号试桩（浸水）	
	最大（kPa）	最小（kPa）	最大（kPa）	最小（kPa）	最大（kPa）	最小（kPa）
2	56.70	1.41	39.26	13.11	6.61	-12.88
3	76.00	2.32	41.39	2.09	54.36	-11.54
4	81.92	17.77	54.25	5.97	19.85	-38.82
5	77.29	12.96	43.66	10.51	66.91	1.79
6	63.89	0.69	37.06	9.02	48.40	0.51
7	7.51	-5.20	45.81	2.80	54.67	-26.10

埋深（m）	1号试桩		2号试桩		2号试桩（浸水）	
	最大（kPa）	最小（kPa）	最大（kPa）	最小（kPa）	最大（kPa）	最小（kPa）
8	-0.52	-58.80	118.74	12.73	30.47	0.96
9	37.09	-39.57	30.52	4.91	16.53	0.24
10	86.71	18.30	29.75	1.24	24.43	2.15
11	29.39	2.87	126.01	18.13	78.89	15.79
12	-2.73	-62.84	61.80	3.47	-2.18	-31.11
13	-2.24	-69.44	53.19	5.26	35.27	-2.93
14	-4.94	-74.01	32.72	-0.83	21.26	0.81
15	-0.57	-56.77	33.60	8.36	55.76	14.84
16	52.74	1.05	79.68	8.05	13.20	-20.31
17	35.33	3.91	40.69	5.09	38.29	-4.86
18	49.03	7.32	177.12	7.66	55.99	5.03
20	-2.94	-47.32	38.68	8.75	56.19	0.78
22	81.12	10.65	99.87	3.79	71.20	2.64
24	58.65	0.12	174.31	11.01	51.19	7.30
26	62.74	6.99	48.64	9.00	55.39	1.80
28	87.88	0.15	122.57	10.55	63.72	2.23
30	147.55	0.04	135.38	7.00	82.52	0.09
32	131.23	0.64	93.38	1.76	63.54	0.02
34	149.02	1.83	100.50	5.15	102.79	3.49

4.7　主要结论

（1）大型的浸水试验结果表明：桩侧土层浸水后，因黄土的湿陷性使桩与其周围土均有不同程度的沉降变形量，桩与桩周土的平均沉降量各为 0.15mm 和 1.4mm。桩周土的沉降变形量是由黄土的湿陷性引起的，桩的沉降变形量则是由于湿陷性在桩体上产生的负摩阻力引起的。

（2）浸水前、后桩的极限承载力明显不同，前者大于 9600kN，后者为 8000kN；对桩浸水前加载、卸载并浸水，之后再次进行承载力试验，和直接浸水之后再进行桩的承载力试验相比较，其极限承载力完全一致，均为 8000kN。

（3）桩的轴力分布结果表明：未浸水桩的轴力分布规律和浸水后桩的轴力分布规律不同，未浸水桩轴力沿桩长逐渐减小，浸水后桩轴力沿桩长在湿陷范围内降低程度不明显甚至有些增加，超过湿陷范围后，其轴力分布规律与未浸水的一致。未浸水桩端阻力小于浸水后的桩端阻力，且相差较大，桩端荷载占加载的比例前者达 8.7%，而后者则达 16%。

（4）桩侧阻力的充分发挥与其周围土层的工程特性及其土层所处的位置有关，桩侧未浸水前，桩侧部分土层的极限侧阻力值在 29.75~99.87kPa，未达极限侧阻力的土层，桩的最大侧阻力值为 177.12kPa；浸水后桩的负摩阻力在-5.2~-66.44kPa 之间变化，正摩阻力值在 29.3~86.7kPa 之间变化，未达极限的最大摩阻力为 149.02kPa；对于完成试验后浸水，之后再次进行静载试验，其负摩阻力在-2.18~-38.82kPa 之间变化，正极限摩阻力在 16.53~71.20kPa 之间变化，最大摩阻力为 102.79kPa。因此，浸水前、后桩侧土层的极限侧阻力显然有差异，前者大于后者。

第 5 章　沉陷地基桩长确定理论

在我国广阔的中、西部地区，特别是西北地区，分布着大面积黄土。因黄土具有湿陷性或非湿陷性，且同是湿陷性黄土，其工程性质也相差很大，这使黄土地基桥梁基础设计的难度增大，在使用、运营过程中也出现了很多问题。据统计，湿陷性黄土地区桥梁结构所采用的基础形式中桩基础占 90%以上。目前国内外在考虑湿陷性黄土区域桩基础的设计与施工时，均是在考虑黄土的湿陷性后，加大桩的设计长度，使大部分桩体位于非湿陷性黄土层上，对于应该增加多大的桩长至今仍没有合理、完善的设计理论。黄土地区桩基础设计理论中因选用的设计参数不合理，使桩的埋深过大或过小，导致不必要的浪费或工程隐患。因此，研究湿陷性黄土地区桥梁桩基合理埋深及桩的承载性状十分紧迫和必要。

湿陷性黄土又可分为自重湿陷和非自重湿陷两类。自重湿陷是指黄土浸水后即使在土层自重作用下也能发生湿陷；非自重湿陷是指土层浸水后在自重及附加压力共同作用下才发生湿陷。本章重点研究自重湿陷性黄土对桩基承载力的影响。

自重湿陷性黄土对桩基产生负摩擦力的机理是由于水的浸入，土的结构发生变化，土体发生下沉，尽管桩在轴向荷载作用下也产生压缩下沉，但往往桩侧土层产生的下沉量大于桩身的下沉量，形成桩侧湿陷土层对于桩身发生相对下沉，则该下沉土层将对桩身产生向下的摩擦力，从而增大桩所受的轴向荷载，下沉土层作用于桩身上的这种向下摩擦力通常称为负摩擦力，亦称负摩阻力。负摩擦力的大小与土的性质、强度、压缩性、湿陷层厚度、桩端持力层的刚性，以及桩的设置方法、桩长、桩的横截面形状等因素有关。目前，对于负摩擦力的确定仍处于探索阶段，有许多问题还有待研究。本章利用数值仿真和理论推导，结合近年来黄土地区的桩基现场试验资料，对自重湿陷性黄土对桩基承载力的影响因素及负摩擦力的分布规律进行系统研究，并在此基础上给出了在自重湿陷性黄土地区单桩合理桩长的确定方法。

5.1　可靠性论证

5.1.1　模型验证

仿真分析能否反映实际情况，模型的合理性相当重要。研究首先对陕西芝川河特大桥 5合同段 1#浸水桩及 2#未浸水桩（具体工程实测资料见第 4 章）建立仿真模型，并进行初步对比分析，如图 5-1 所示。

由图 5-1 可以看出，1#桩浸水后的极限荷载力对应的沉降值为 5mm 左右；2#未浸水桩的沉降近 7mm，但从 Q-S 曲线图上可以判断出试桩仍未达到极限值。先取黄土地区桩基达到极限承载力对应的沉降值为 10mm。

5.1.2　分析方法

研究分别采用重力法和叠加法模拟自重湿陷性黄土作用下桩-土的相互作用性状，通过与实体工程的测试成果相比较，仿真分析中采用了后者。

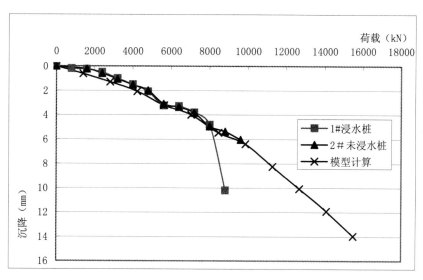

图 5-1　Q-S 曲线比较图

1. 重力法

对湿陷层土体通过施加重力来使其产生沉降，模拟其湿陷变形，通过调整土体重力 g 得到不同的自重湿陷系数 δ_s。该方法建立的模型可以直接得到湿陷土层对 P-S 曲线、轴力分布及摩擦力的影响规律曲线。

模型做了以下假定：① 自重湿陷性黄土湿陷变形的变化规律近似按重力产生的竖向变形规律；② 湿陷土层与非湿陷土层分界明显。

该方法的缺陷是：当自重湿陷系数 δ_s 大时，即湿陷沉降量大时，施加的重力 g 也需要增大，使土体受到大于实际重力的作用，对下部未湿陷土体产生一定影响，使其产生一定的附加沉降，但实际中这种沉降是不存在的，此缺陷会使计算的中性轴的位置下移。当把湿陷层以下土体看成刚体处理时，可以忽略其竖向变形，但会引起桩周土体模量大于实际值，桩的竖向位移会比实际结果偏小。

经计算分析，该模型在下层刚性土体与上层湿陷土体交界处会产生摩擦力的突变点，引起较大误差，故舍弃。

2. 叠加法

为了简化模型，假定：①自重湿陷性黄土湿陷变形的变化规律近似按线性分布；②湿陷土层与非湿陷土层分界明显。主要思路为：

（1）计算不同湿陷系数时厚度为 h_0 的湿陷土层沿竖向的沉降量；

（2）通过非湿陷土体模型确定计算荷载 P_0，计算不考虑湿陷土层作用时桩身的沉降量，并与（1）得到的土体的沉降相叠加，得到中性点位置 h_1；

（3）计算中性点以上土层的负摩擦力 P_- 与正摩擦力值 P_+，如果把 P_0 看作未发生湿陷时桩的承载力，当考虑湿陷土层负摩擦力作用时，P_0 所对应荷载应该为 $P_1=P_0-P_--P_+$，P_1 即为考虑负摩擦力作用时所对应的承载力；

（4）计算折减系数 $n=(P_0-P_1)/P_0$，然后计算给出合理桩长。

该方法从力学模型上说是合理的，经分析确定用该法计算。但其缺陷是不能直接得到湿陷土层对 Q-S 曲线、轴力分布及摩擦力的影响规律曲线，计算量较大。

5.2　仿真计算

5.2.1　选取计算参数

取桩径分别为 0.8m、1.2m、1.6m、2.0m，桩长分别为 15m、35m、60m；湿陷层厚度分别为 5m、10m、15m；湿陷性分弱自重湿陷性（δ_s=0.015），较弱自重湿陷性（δ_s=0.015），中等自重湿陷性（δ_s=0.045）和强烈自重湿陷性（δ_s=0.085）。土体模量 E=25MPa，粘聚力 C=30kPa，内摩擦角 φ=27°，土体泊松比 μ=0.33。桩身混凝土采用 C25，考虑配筋后桩的模量 E=30GPa、泊松比 μ=0.167，具体如表 5-1 所示。

表 5-1　计算参数表

土体参数	E=25MPa、C=30kPa、φ=27°
桩体参数	E=30GPa、μ=0.167
桩长 L（m）	15m、35m、60m
桩径 D（m）	0.8m、1.2m、1.6m、2.0m
湿陷系数 δ_s	0.015、0.025、0.045、0.085
湿陷土厚 h_0（m）	5m、10m、15m

5.2.2　合理桩长计算

1.　计算中性点位置

确定中性点，首先要确定桩的荷载等级标准。通过对芝川河特大桥、洛川大桥桩基试验结果及相关的试验资料综合分析研究后认为，黄土地区公路桥梁桩基承载力的控制沉降值取 1cm 左右较合理。因此，计算中把桩顶沉降 1cm 时对应的荷载值作为桩的极限承载力，该荷载也就是计算中性点位置的计算荷载 P_0。各桩的计算荷载如表 5-2 所示。

表 5-2　各桩的计算荷载 P_0

桩长（m）　　　桩径（m）　　P_0（kN）	0.8	1.2	1.6	2.0
15.0	5000	7400	9300	12000
35.0	7700	12500	16800	20550
60.0	9546	15500	21500	27632

通过分别计算在不同湿陷土层厚度及湿陷系数时的竖向沉降量，然后与计算的桩身在计算荷载 P_0 下的沉降量叠加，得到中性点位置。如图 5-2 所示。

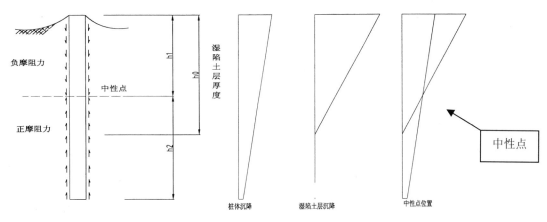

图 5-2　中性点位置确定方法示意图

为详细说明计算方法，以芝川河特大桥 2#未浸水桩为例，桩径为 1.2m，桩长 35m，计算该桩在湿陷土层厚度 5m，δ_s=0.015 时应增加桩长。通过有限元计算确定该桩的计算荷载 P_0=12500kN，利用 P_0 计算出其在 5m 弱自重湿陷时的中性点位置 h_1 为 4.4m，如图 5-3 所示。

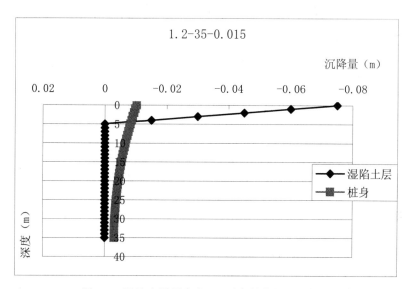

图 5-3　湿陷土层厚度为 5m 时中性点位置计算图

2. 湿陷性土层正、负摩擦力的计算

按照 5.1.2 节提出的叠加法思路，计算中性点以上土层的负摩擦力 P_- 与正摩擦力 P_+。在湿陷土层厚度 h_0 内，极限负摩擦力取 15kPa，正摩擦力取 45kPa，对于摩擦力沿桩长的分布形式，假设按三角形或椭圆形分布，如图 5-4 所示。

摩擦力按三角形分布：

$$P_f = h_1\tau_{-f}U \tag{5-1}$$

摩擦力按椭圆形分布：

$$P_f' = \int_0^{h_1}\tau_-(x)U\mathrm{d}x = \frac{\tau_{-f}Rh_1\pi^2}{2} \tag{5-2}$$

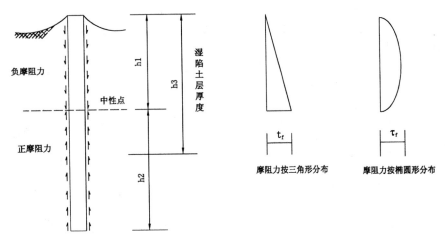

图 5-4　湿陷土层摩擦力的分布图示

式中：　h_1—中性点深度，m；

　　　　P_f—h_1 厚度范围内土层的计算摩擦力，kN；

　　　　P_-—h_1 厚度范围内土层按三角形分布计算负摩擦力，kN；

　　　　P'_-—h_1 厚度范围内土层按椭圆形分布计算负摩擦力，kN；（当符号旁标注'表示摩擦力按椭圆形分布计算值，未标注表示按三角形分布计算，以下同。）

　　　　P_+—h_1 厚度范围内土层的计算正摩擦力，kN；

　　　　τ_{+f}—极限正摩擦力，kPa；

　　　　τ_{-f}—极限负摩擦力，kPa；

　　　　U—桩身截面周长，m。

因此当湿陷层深度为 4.4m 时，在其深度内可能产生的摩擦力为

（1）假设正、负摩擦力按三角形分布：

$$P_- = h_1\tau_{-f}U = 4.4\times15\times\pi\times1.2\times0.5=124.3\text{kN}$$

$$P_+ = h_1\tau_{+f}U = 4.4\times45\times\pi\times1.2\times0.5=373.0\text{kN}$$

（2）假设正、负摩擦力按椭圆形分布：

$$P'_- = \int_0^{h_1} \tau_-(x)U\mathrm{d}x = \frac{\tau_{-f}Rh_1\pi^2}{2}=4.4\times15\times0.6\times3.142\times0.5=195.2\text{kN}$$

$$P'_+ = \int_0^{h_1} \tau_+(x)U\mathrm{d}x = \frac{\tau_{+f}Rh_1\pi^2}{2}=4.4\times45\times0.6\times3.142\times0.5=585.7\text{kN}$$

3. 湿陷承载力 P_1 及折减系数 n 的计算

通过前边得到的中性点以上正、负摩擦力，就可以求得考虑湿陷土层负摩擦力作用时对应的桩极限承载力：

$$P_1 = P_0 - P_- - P_+ \tag{5-3}$$

（1）当摩擦力按三角形分布时：

$$P_1 = P_0 - P_- - P_+ =12500–124.3–373.0=12002.7\text{kN}$$

（2）当摩擦力按椭圆形分布时：

$$P_1' = P_0 - P_-' - P_+' = 12500 - 195.2 - 585.7 = 11719.1\text{kN}$$

利用得到的桩的湿陷承载力 P_1，就可以计算出由于负摩阻力对桩承载力产生的折减系数 n，则

$$n = (P_0 - P_1)/P_0 \tag{5-4}$$

当摩擦力按三角形分布时折减系数为：$n = (P_0 - P_1)/P_0 = 3.98\%$

当摩擦力按椭圆形分布时折减系数为：$n' = (P_0 - P_1)/P_0 = 6.25\%$

4. 合理桩长计算

确定合理桩长必须首先确定出达到极限荷载时桩端反力 P_d 与桩侧摩阻力 P_c 各占桩顶荷载的比率。本节采用有限元的方法计算各桩对应的桩端分担荷载比率。通过 2#桩桩端反力的计算，可以看出桩端竖向应力呈倒马鞍形分布，如图 5-5 所示，按各节点取平均值的方法，桩端总反力 P_d 计算为：

$$P_d = 0.5 \times (476.25 + 587.34) \times 3.14 \times 0.3^2 + 0.5 \times (853.01 + 587.34) \times 3.14 \times (0.6^2 - 0.3^2) = 760\text{kN}$$

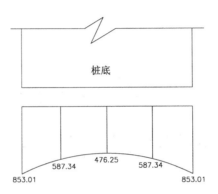

图 5-5　模型计算的 2#桩桩端反力

芝川桥 2#桩基础实测资料显示，当桩顶荷载为 8000kN 时，对应的桩端阻力为 802.56kN，桩端阻力占总荷载的 10%左右；有限元模型计算表明：当桩顶荷载为 8221kN 时，桩端阻力为 760kN，占总荷载的 9.24%左右。模型计算的桩端反力与实测值误差在 10%以内，表明有限元计算精度较高。

按上述方法，利用数值模型分别计算出各桩桩端反力占总荷载的百分比。设承受的荷载达极限荷载时，桩端阻力占总荷载的比率为 β，则各桩的 β 值如表 5-3 所示。

表 5-3　桩端阻力占总荷载比率

桩长（m）＼桩径（m）／β（%）	0.8	1.2	1.6	2.0
15.0	15.7	16.6	18	20
35.0	5	7	10	11
60.0	3	3.8	5	5.5

在黄土地区，当桩承受的荷载达极限荷载时，其桩端阻力占总荷载的百分比为 β，则桩侧摩擦力承担的荷载为 $(1-\beta)P_0$。如果考虑黄土的湿陷性作用，桩的原设计极限承载力 P_0 不变，

则需要增加相应的合理桩长 ΔL ，可以近似认为增加 ΔL 桩长后桩端阻力占总荷载的百分比仍为 β 。在计算增加的桩长 ΔL 部分的摩阻力时，同样假设桩底部 ΔL 厚度土层摩擦力按三角形分布或按椭圆形分布。

当按三角形分布时则有：

$$(1-\beta)nP_0 = \tau_d \Delta L R\pi$$

$$\Delta L = \frac{(1-\beta)nP_0}{\tau_d R\pi} \tag{5-5}$$

假设桩底部土层摩擦力按椭圆形分布则有：

$$(1-\beta)n'P_0 = 0.5\tau_d \Delta L'\pi^2 R$$

$$\Delta L' = \frac{2(1-\beta)n'P_0}{\tau_d \pi^2 R} \tag{5-6}$$

式中：β ——当桩达到极限承载力时，桩端反力占桩顶荷载的百分比；

$\quad\quad \Delta L$ ——应增加的桩长；

$\quad\quad n$ ——折减系数；

$\quad\quad R$ ——桩身截面半径；

$\quad\quad P_0$ ——设计极限承载力；

$\quad\quad \tau_d$ ——原设计桩长以下 ΔL 处的极限摩擦力。

当湿陷层深度为 5m，桩的设计极限承载力为 $P_0 = 12500$kN 时，原桩长应增大的桩长 ΔL 为

（1）摩擦力按三角形分布：

$$\Delta L = \frac{0.93 \times 0.0398 \times 12500}{100 \times 0.6 \times 3.14} = 2.46\text{m}$$

（2）摩擦力按椭圆形分布：

$$\Delta L' = \frac{2 \times 0.93 \times 0.0625 \times 12500}{100 \times 3.14^2 \times 0.6} = 2.46\text{m}$$

可见两种摩擦力分布计算的 ΔL 值相同。

将式（5-1）、式（5-3）、式（5-4）代入式（5-5）中，整理后可得摩擦力按三角形分布时应增加桩长公式：

$$\Delta L = \frac{(1-\beta)(\tau_{-f} + \tau_{+f})h_1}{\tau_d}$$

同理，将式（5-2）、式（5-3）、式（5-4）代入式（5-6）中，整理后可得摩擦力按椭圆形分布时应增加的桩长公式：

$$\Delta L' = \frac{(1-\beta)(\tau_{-f} + \tau_{+f})h_1}{\tau_d}$$

得到 $\Delta L = \Delta L'$ ，两种公式最后整理结果完全相同，因此，按本节所讲方法确定桩合理桩长时，选取桩侧摩擦力的分布方式只是为了中间推导之用，对最后结果没有影响。

5. 黄土湿陷性影响下桩的轴力曲线

叠加法是通过仿真桩周黄土为非湿陷性的情况来间接推出湿陷性黄土区桩的承载情况。对于湿陷土体作用下桩的轴力曲线，由于不同荷载作用下中性点的位置不同，因此不能通过变化荷载增量步的方法一次求出各级荷载下的轴力曲线，只能分级求出。本节通过叠加组合的方法来计算分析桩在湿陷性作用下其轴力的分布规律。

按照前述求中性点的方法，求得荷载 P_1 对应的中性点为 b 点，并把受自重湿陷性土体作用的桩从中性点 b 处分为Ⅰ、Ⅱ两段，如图 5-6 所示，Ⅰ段桩侧受负摩阻力，Ⅱ段桩侧受正摩阻力。首先假定Ⅰ段桩侧没有摩擦力作用，当 a 点作用荷载 P_1 时，Ⅰ段桩身受到的轴力上下应该均为 P_1，得到轴力曲线 A；b 点的轴力应该也为 P_1，把 P_1 作用在 b 点截面，通过计算得到了Ⅱ段桩身轴力曲线 B；曲线 A、B 组合起来就是当不考虑Ⅰ段桩侧摩擦力时荷载 P_1 作用下的轴力曲线。现在再来考虑桩侧负摩擦力所产生的轴力，负摩擦力作用在Ⅰ段桩身得到Ⅰ段桩身受负摩擦力作用下产生的轴力曲线 C，负摩擦力在Ⅰ段桩身底部即 b 点产生的轴力即负摩擦力的合力为 P_-，把 P_- 作为荷载作用在Ⅱ段桩顶部 b 点截面，计算得到Ⅱ段桩身由于负摩擦力产生的轴力曲线 D，曲线 C、D 组合起来就是桩侧负摩擦力产生的轴力曲线；将曲线 A、B、C、D 组合起来就得到完整的考虑负摩擦力作用下荷载 P_1 对应的轴力曲线。同理，变换荷载 P_2，求出其对应的中性点 b'，按照上述方法又可以得到荷载 P_2 对应的轴力曲线，以此类推即可。

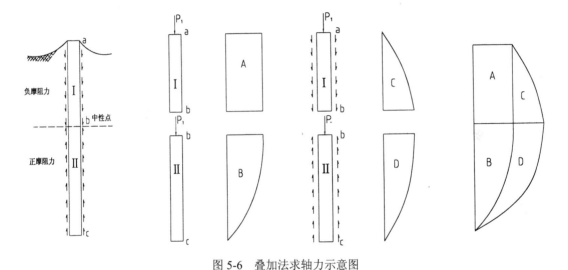

图 5-6　叠加法求轴力示意图

如图 5-7 所示为桩径为 0.8m，桩长为 15m，湿陷厚度为 5m 时计算的轴力曲线，由轴力图可以清楚看出从第一级荷载加到第五级时，中性点位置从 5m 变化到 4.4m 左右。

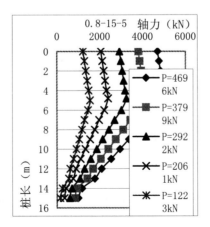

图 5-7　湿陷厚度为 5m 时的轴力曲线图

5.3 成果分析

自重湿陷性黄土对桩承载性状的影响主要与桩周土体的工程性质、湿陷深度、桩体参数等因素有关，这里主要对 5.2 节提出的相关技术参数情况下的数值仿真计算成果进行分析，从而为研究自重湿陷性黄土地区桩的承载性状奠定基础。

5.3.1 湿陷系数 δ_s 对中性点的影响

设中性点深度 h_1 与湿陷土层深度 h_0 之比为 α（$\alpha = h_1/h_0$）。图 5-8 分别显示了桩径为 1.2m，h_0 分别为 5m、10m、15m 时，自重湿陷系数 δ_s 对 α（h_1/h_0）的影响。由图可以看出 α 随湿陷系数及湿陷厚度的增大而增大，说明湿陷系数越大，湿陷厚度越大，中性点深度与湿陷层深度越接近；而且桩长越长，α 值越大，因为这些中性点位置都是在极限荷载下求得的，桩长越长对应的极限荷载越大，桩身的压缩就越大，其中性点位置就越靠下。表 5-4 给出了 α 随自重湿陷系数 δ_s 及湿陷土层深度 h_0 变化表。

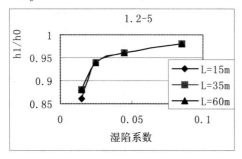
（a）h_0=5m

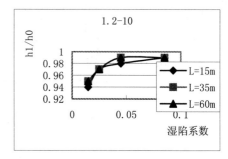

（b）h_0=10m

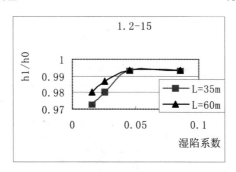
（c）h_0=15m

图 5-8　不同桩长下的 δ_s–h_1/h_0 曲线

表 5-4　α 与 δ_s 及 h_0 关系表

h_0（m）$\quad\alpha$ $\quad\quad$ δ_s	0.015	0.025	0.045	0.085
5	0.88	0.95	0.96	0.98
10	0.95～0.97	0.97	0.98～0.99	0.99
15	0.98	0.98	0.99	0.993

5.3.2 湿陷系数对 P_1/P_0 的影响

设 P_0 为未湿陷时桩的极限承载力，P_1 为发生湿陷后桩基对应的极限承载力，P_1/P_0 则是在负摩阻力作用下桩基剩余极限承载力与原极限承载力之比，该值反映了负摩阻力对桩极限承载力的影响程度。

图 5-9 所示为湿陷性土层深度为 10m 时，不同的桩长、桩径对应的 P_1/P_0 与湿陷系数的关系曲线，由图可以看出，P_1/P_0 随湿陷系数 δ_s 的增大而减小，说明当桩体参数相同时，δ_s 越大，湿陷作用对桩的承载力的折减就越明显；从图上还可以看出，从弱湿陷性（δ_s =0.015）到中等湿陷性（δ_s =0.045）时，P_1/P_0 随湿陷系数 δ_s 变化较明显，当到中等湿陷性之后则曲线变缓，说明 $\delta_s \geqslant 0.045$ 时，δ_s 对 P_1/P_0 值的影响已不再显著。进一步对比（a）、（b）、（c）三图发现，当桩长为 60m 时，P_1/P_0 是随桩径 D 的增大而增大的，而桩长为 15m、35m 时，D=2.0m 对应的 P_1/P_0 值反而比 D=1.2m 小，表明 P_1/P_0 值并不都是随 D 增加而增大的，因此有必要分析一下 P_1/P_0 值与桩径 D 的关系。

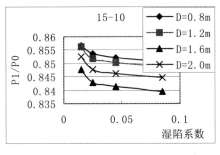

（a）L=15m

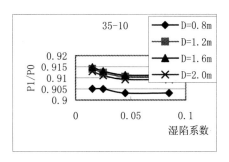

（b）L=35m

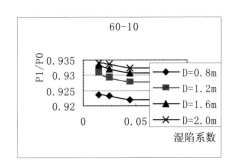

（c）L=60m

图 5-9　P_1/P_0 与湿陷系数关系曲线

5.3.3 桩径对 P_1/P_0 的影响

图 5-10 所示为桩长分别为 15m、35m、60m 时，在不同的湿陷厚度下，P_1/P_0 与桩径的关系曲线。

由图 5-10 可以看出，P_1/P_0 随湿陷土层厚度的增大而明显减小，说明当桩长、桩径相同时，湿陷土层厚度越大，对承载力的影响就越明显。当 L=15m 时，曲线呈现向下走的趋势，P_1/P_0 的极大值在 D=0.8m 处；当 L=35m 时，呈现凸形曲线，该曲线的极值在 D=1.5m 左右处；当

L=60m 时，曲线呈现向上走的趋势，P_1/P_0 的极大值在 D=2.0m 处，说明 P_1/P_0 的极大值应该与长径比有关系，从承受负摩阻力的角度来说，长径比 L/D 在 20～30 间效果较好。

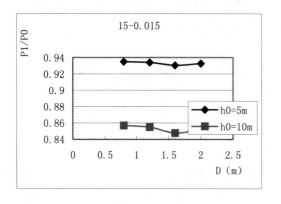

（a）L=15m

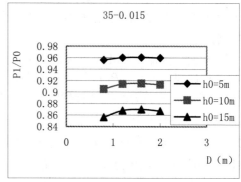

（b）L=35m

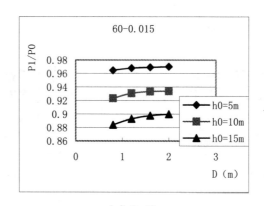

（c）L=60m

图 5-10　P_1/P_0 与 D 关系曲线

5.3.4　桩长对 P_1/P_0 的影响

图 5-11 所示为当湿陷厚度 h_0=10m 时，在不同的桩径及湿陷系数下，P_1/P_0 与桩长的关系曲线。

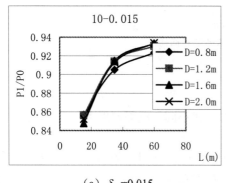

（a）δ_s=0.015

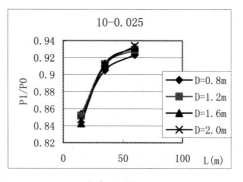

（b）δ_s=0.025

图 5-11　P_1/P_0 与 L 关系曲线

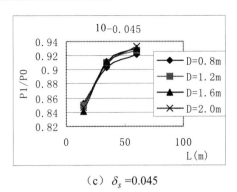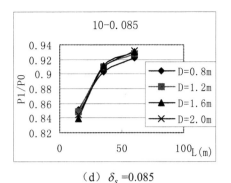

（c）δ_s =0.045　　　　　　　　　　（d）δ_s =0.085

图 5-11　P_1/P_0 与 L 关系曲线（续图）

通过对比（a）、（b）、（c）、（d）四图可以看出，在相同桩径下 P_1/P_0 随桩长 L 的增大而明显增大，而且在四种湿陷情况下的趋势是相同的。进一步分析可以得出，桩长 $L\leqslant35\mathrm{m}$ 时，曲线的斜率比较大，说明在这一段内 P_1/P_0 值随桩长的增长而明显增大；而当桩长 $L\geqslant35\mathrm{m}$ 时，P_1/P_0 值随桩的增长而增大的趋势变缓，这一规律表明在湿陷性黄土地区设计桩长 L 大于或接近 35m 是经济的。

5.3.5　$\triangle L$ 与 h_0 的关系及影响因素

为了考查模型计算所得的应增加桩长 $\triangle L$ 与湿陷厚度 h_0 的关系及其影响因素，设 $\triangle L$ 与 h_0 之比为 m，即 $m=\triangle L/h_0$。

图 5-12 所示为在桩顶与桩端摩擦力分布相同时计算的 m 值与湿陷系数及桩径的关系曲线；图 5-13 为在桩顶摩擦力按椭圆形分布、桩端按三角形分布时计算的 m 值与湿陷系数及桩径的关系曲线。

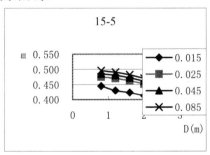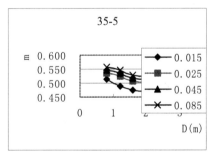

（a）　　　　　　　　　　　　　　　　（b）

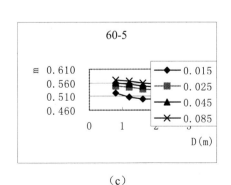

（c）

图 5-12　m 与 D、δ_s 关系曲线

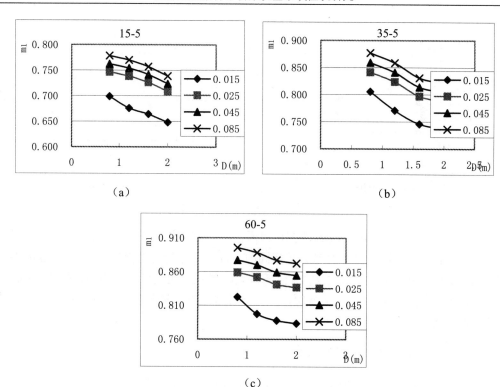

图 5-13　m_1 与 D、δ_s 关系曲线

由图 5-12 和图 5-13 可以看出，m 值随湿陷系数的增大而增大，随桩径的增大而逐渐减小，说明湿陷系数越大，需增加的桩长 $\triangle L$ 越大；桩径越大，需增加的桩长 $\triangle L$ 也就越小。对比两图，发现当桩顶与桩端摩擦力分布相同时 m 值在 0.41～0.57 之间；当桩顶摩擦力按椭圆形分布、桩端按三角形分布时 m 值在 0.64～0.90 之间，因此第二种按摩擦力不利组合计算的结果要大一些。

5.4　理论计算分析

许多专家和学者在不同的条件下都对桩基承载力的有关理论公式进行了推导和计算，但到目前为止，仍未见有湿陷性黄土区域桩基承载力的理论计算公式，为此，研究在考虑湿陷厚度、湿陷系数及土的剪切模量等不同因素变化的基础上，建立湿陷性黄土区域桩基承载力的计算公式。

5.4.1　力学模型的建立

黄土区域桩周土体在浸水前后的变形性状如图 5-14 所示，针对湿陷性黄土的湿陷变形给桩产生的负摩阻力，建立如图 5-15 所示的力学计算模型。

5.4.2　计算公式的推导

对于在自重湿陷性黄土层的桩基，其竖向位移由湿陷黄土引起的沉降 w_s 和由荷载 P 引起的沉降 w_p 两部分组成。

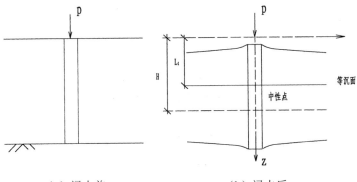

（a）浸水前　　　　　　　　　　（b）浸水后

图 5-14　桩土体系

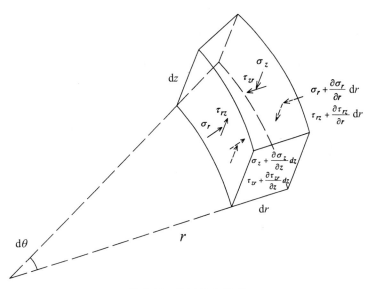

图 5-15　单元应力状态

（1）湿陷黄土引起的沉降 w_s。

根据单元竖向力的平衡条件可得：

$$\sigma_z \cdot r \cdot \mathrm{d}\theta \cdot \mathrm{d}r + \left(\tau_{rz} + \frac{\partial \tau_{rz}}{\partial r}\mathrm{d}r\right)(r+\mathrm{d}r)\cdot \mathrm{d}\theta \cdot \mathrm{d}z = \tau_{rz}\cdot r \cdot \mathrm{d}\theta \cdot \mathrm{d}z + \left(\sigma_z + \frac{\partial \sigma_z}{\partial z}\mathrm{d}z\right)r\cdot \mathrm{d}\theta \cdot \mathrm{d}r$$

经化简后得

$$\frac{\partial \tau_{rz}}{\partial r} + \frac{\tau_{rz}}{r} - \frac{\partial \sigma_z}{\partial z} = 0 \tag{5-7}$$

在桩承受上部荷载的情况下，若桩周黄土遇水产生湿陷变形，可认为桩周土体中的竖向应力保持不变，则 $\frac{\partial \sigma_z}{\partial z} \approx 0$，式（5-7）简化为

$$\frac{\partial \tau_{rz}}{\partial r} + \frac{\tau_{rz}}{r} \approx 0 \tag{5-8}$$

假设 $\tau(r_0) = \tau_0(z)$，$\tau_0 = f(w_s, z)$，r_0 为桩半径，对式（5-8）进行积分得：

$$\tau = \frac{\tau_0(z)\cdot r_0}{r} \tag{5-9}$$

考虑剪应变（以角度变小为正）：

$$\gamma = \frac{\tau}{G_s} = \frac{\partial u}{\partial z} + \frac{\partial w}{\partial r} \qquad (5\text{-}10)$$

u 为中性点以上黄土湿陷引起的土体径向位移，w 为中性点以上黄土的湿陷变形。

土的竖向湿陷变形是主要的，忽略径向位移，式（5-10）成为

$$\frac{\tau}{G_s} \approx \frac{\partial w}{\partial r} \qquad (5\text{-}11)$$

假设中性点以上湿陷性黄土是均匀的，将式（5-9）代入式（5-10）并进行积分可得桩周围土体的变形 $w_s(z)$：

$$w_s(z) = \frac{\tau_0(z)r_0}{G_s} \int_{r_0}^{r_m} \frac{\mathrm{d}r}{r} = \frac{\tau_0(z)r_0}{G_s} \ln\left(\frac{r_m}{r_0}\right) \qquad (5\text{-}12)$$

式（5-12）中，r_m 为桩对湿陷土层的有效影响半径，当 $r \geqslant r_m$ 时，桩对土体产生的剪应力及剪应变影响可认为已小到可以忽略。Randolph（1978）等研究后认为 $r_m = 2.5(1-v_s)l$。

考虑到黄土的竖向分层的不均匀性，设静侧压力系数 K_0 为常数，并取 G_s 与深度间的关系为 $G_s = mz^\alpha$，$0 \leqslant \alpha \leqslant 1$。

由于黄土湿陷沉降给桩的下拽力是不均匀的，且由此产生的桩的压缩变形量很小，为简化计算，桩按刚性桩处理，则桩身各处的竖向位移是一样的，在一定半径处剪应变沿深度也接近于常数（Randolph，1978）。于是从 $\gamma = \tau / G_s$ 推知剪应力的分布形式：$\tau_0(z) = Kz^\alpha$。代入式（5-12）有

$$w_s(z) = \frac{Kr_0}{m} \ln\left(\frac{r_m}{r_0}\right) \qquad (5\text{-}13)$$

由式（5-13）可以看出湿陷土层对桩产生的沉降是一常量，只与剪应力的竖向分布形式和水平影响范围有关。

（2）荷载 P 引起的沉降 w_p。

荷载 P 引起的沉降应由桩身的压缩变形和桩端土的压缩变形两部分组成。

① 荷载 P 引起桩身压缩计算。

计算由荷载 P 引起的桩的沉降时，需考虑桩的压缩变形，并认为这种变形为线弹性的，所以有

$$\frac{\partial w_p(z)}{\partial z} = \frac{-P(z)}{\pi r_0^2 E_P} = \frac{-P(z)}{\pi r_0^2 \lambda G_s} \qquad (5\text{-}14)$$

又

$$\frac{\partial P_s(z)}{\partial z} = 2\pi r_0 \tau_0(z) \qquad (5\text{-}15)$$

其中，$\lambda = E_p / G_s$，$P_s(z)$ 为深度 z 处截面桩身轴力。把式（5-15）代入式（5-14），可得

$$\frac{\partial^2 w(z)}{\partial z^2} = \frac{2\tau_0(z)}{r_0 \lambda G_s} \qquad (5\text{-}16)$$

联立式（5-12）、式（5-16）两式，有

$$\frac{\partial^2 w(z)}{\partial z^2} = \frac{2w(z)}{r_0^2 \lambda \zeta} \qquad (5\text{-}17)$$

其中　$\zeta = \ln\left(\dfrac{r_m}{r_0}\right)$。

式（5-13）的通解表达式为：$w_s(z) = C_1 e^{\mu z} + C_2 e^{-\mu z}$，其中 $\mu = \sqrt{2/(r_0^2 \lambda \zeta)}$。考虑边界条件：

$$\left(\frac{\partial w}{\partial z}\right)_{z=0} = \frac{P(z)}{\pi r_0^2 \lambda G_s} \quad 即 \quad \mu(C_1 - C_2) = \frac{P(z)}{\pi r_0^2 \lambda G_s}$$

$$\left(\frac{\partial w}{\partial z}\right)_{z=0} = 0 \quad 即 \quad \mu(C_1 e^{\mu l} - C_2 e^{-\mu l}) = 0$$

得

$$C_1 = \left[\frac{P_s}{\pi r_0^2 \mu \lambda G_s}\right] \Big/ (1 - e^{2\mu l})$$

$$C_2 = \left[\frac{P_s e^{2\mu l}}{\pi r_0^2 \mu \lambda G_s}\right] \Big/ (1 - e^{2\mu l})$$

$$w_p = \frac{P_s}{\pi r_0^2 \mu \lambda G_s} \frac{e^{\mu z}[1 + e^{2\mu(l-z)}]}{1 - e^{2\mu z}} = \frac{-P_s \mathrm{ch}[\mu(l-z)]}{\pi r_0^2 \mu \lambda G_s \mathrm{sh}(\mu l)} \qquad (5\text{-}18)$$

桩顶位移为

$$w_0 = \frac{P_s}{\pi r_0^2 \mu \lambda G_s} \frac{1 + e^{2\mu l}}{1 - e^{2\mu l}} = \frac{P_s \mathrm{cth}(-\mu l)}{\pi r_0^2 \mu \lambda G_s} \qquad (5\text{-}19)$$

② 桩端土层沉降。

忽略黄土湿陷产生的轴力，对式（5-18）求导得：

$$\varepsilon_p = \alpha C_1 e^{\alpha z} - \alpha C_2 e^{-\alpha z} - \delta_s \qquad (5\text{-}20)$$

由桩体应变求出桩端处的应力 σ_{zl}，然后由分层总和法计算桩端土的沉降值 s。

$$s = \psi_s \sum_{i=1}^{n} \frac{\sigma_{zi} H_i}{E_{si}} \qquad (5\text{-}21)$$

式中：σ_{zi}——地基第 i 分层的平均附加应力，kPa；

　　　　z——计算土层距基底深度，m；

　　　　E_{si}——等效作用面以下第 i 分层的压缩模量，MPa，采用地基土在自重压力至自重
　　　　　　　压力加附加压力作用时的压缩模量；

　　　　n——地基压缩层范围内的计算分层数；

　　　　H_i——地基第 i 分层的厚度，按分层总和法的规定划取，m；

　　　　ψ_s——桩基沉降计算的经验修正系数，如表 5-5 所示。

表 5-5　桩基沉降计算经验修正系数 ψ_s

桩端入土深度（m）	<20	30	40	50
修正系数	0.8	0.65	0.5	0.3

（3）桩身总沉降量 $w_{总}$。

桩身总沉降由湿陷黄土引起的沉降 w_s 和由荷载 P 引起的沉降 w_p 两部分组成。由式（5-13）、式（5-18）得

$$w_{总} = w_s + w_p + s = \frac{Kr_0}{m}\ln\left(\frac{r_m}{r_0}\right) + \frac{-P_s ch[\mu(l-z)]}{\pi r_0^2 \mu\lambda G_s sh(\mu l)} + \psi_s \sum_{i=1}^{n}\frac{\sigma_{zi}H_i}{E_{si}} \qquad （5\text{-}22）$$

（4）中性点位置计算。

天然应力状态下，在湿陷性黄土层中任一深度处取一微元体，其湿陷变形量为：

$$\Delta dz = \delta_s \cdot dz \qquad 0 \leqslant z \leqslant H \qquad （5\text{-}23）$$

式中：Δdz —微元体 dz 的湿陷变形量，m；

$\quad\quad \delta_s$ —湿陷系数；

假设黄土自重湿陷变形沿深度线性分布，则

$$S_k(z) = \delta_s(H-z) \qquad （5\text{-}24）$$

①当不考虑桩顶荷载 P_s 时：

$$w_s = S_k(z)$$

即

$$\frac{Kr_0}{m}\ln\left(\frac{r_m}{r_0}\right) = \delta_s(H-z)$$

得到

$$z = H - \frac{Kr_0}{m\delta_s}\ln\left(\frac{r_m}{r_0}\right) \qquad （5\text{-}25）$$

②当考虑桩顶荷载 P_s 时：

$$w_s + w_p = S_k(z)$$

$$\frac{Kr_0}{m}\ln\left(\frac{r_m}{r_0}\right) + \frac{-P_s ch[\mu(l-z)]}{\pi r_0^2 \mu\lambda G_s sh(\mu l)} + \psi_s \sum_{i=1}^{n}\frac{\sigma_{zi}H_i}{E_{si}} = \delta_s(H-z) \qquad （5\text{-}26）$$

解此方程可得中性点位置。

（5）桩身轴力计算。

方法一：假设桩侧摩阻力按矩形分布，则

中性点以上段：

$$P_z = P_s + 2\pi r_0 \tau_0 z, \quad 0 \leqslant z \leqslant l_0$$

中性点以下段：

$$P_z = P_s + 2\pi r_0 \tau_0 l_0 - 2\pi r_0 \tau_1(z-l_0), \quad z \geqslant l_0$$

方法二：由于湿陷土层产生的轴力较小，忽略不计，可由式（5-20）求得桩体应变，然后求出中性点处桩体承受的轴力 $P(z)|_{z=l_1} = P + \Delta P$，$\Delta P$ 即为由于桩侧出现负摩阻力引起的附加下拉荷载，然后根据 $P(z)|_{z=l_1} = P + \Delta P$ 即可按照常规的桩基设计方法确定出在湿陷性黄土地基中桩基的合理埋深。

5.4.3　分析

由于理论计算公式在推导中综合考虑了相关的桩-土相互作用因素，且计算公式中的计算参数较多，为便于计算分析，编制了专门的计算软件，分别对不同的湿陷变形系数情况下的 G_s-P_z（荷载-轴力）分布规律、最大湿陷位置与 P_z 分布规律、δ_s-P_z 分布规律、H-P_z 分布规律、中性点位置参数与 P_z 分布规律、P-P_z 分布规律等组合情况进行了计算分析，其分布曲线分别如图 5-16 至图 5-21 所示。

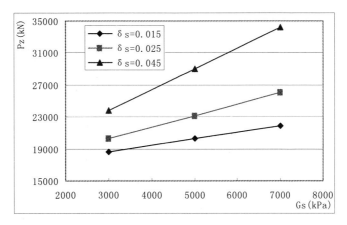

图 5-16　G_s-P_z 分布曲线

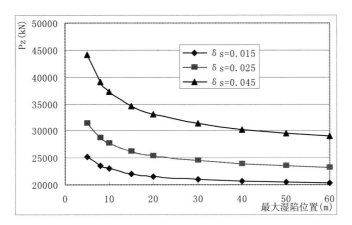

图 5-17　最大湿陷位置与 P_z 分布曲线

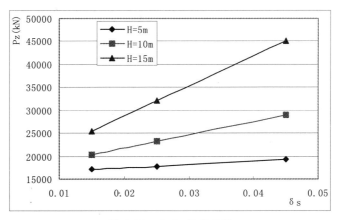

图 5-18　δ_s-P_z 分布曲线

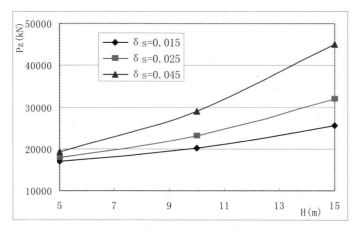

图 5-19　*H-P$_z$* 分布曲线

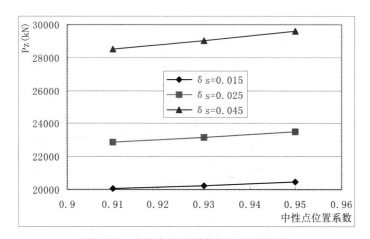

图 5-20　中性点位置系数与 *P$_z$* 分布曲线

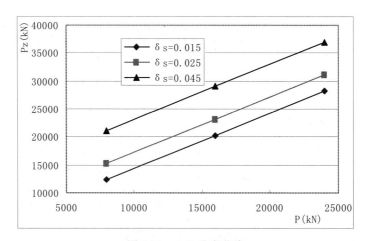

图 5-21　*P-P$_z$* 分布曲线

　　从理论计算的各种分布曲线中可以看出，同一湿陷系数，随着湿陷厚度的增加或剪切模量的增加，中性点处桩的轴力 P_z 都是递增的，即桩周的负摩阻力的值增加（如图 5-16 和图 5-19 所示）；不同的湿陷系数 δ_s-P_z，P_z 值随 δ_s 的增加明显增加（如图 5-18 所示）；同一湿陷系数 δ_s

时，P_z 值随着桩顶施加荷载 P 的增加呈线性增加，且不同等级的湿陷，其 P_z 的增长系数相同（如图 5-21 所示）；随着中性点位置系数的增加，同一 δ_s 下的 P_z 呈线性增加，但强湿陷较弱湿陷情况下的 P_z 增长幅度大，即其增长系数不同（如图 5-20 所示）。另外，各曲线的分布规律亦充分体现出对弱湿陷性黄土（$\delta_s \leqslant 0.015$），无论其他参数如何变化，其 P_z 的增长幅度均很小，因此设计中可不考虑弱湿陷性对桩承载力的影响。以上分析说明，湿陷性黄土的湿陷等级越高，其湿陷变形量越大，对桥梁桩基产生的负摩阻力的发挥程度越高，增加的附加荷载亦相应增加，因此桥梁桩基设计计算应予以充分考虑。

5.5　工程应用

5.5.1　工程概况

芝川河特大桥是二连浩特－河口国道主干线（GZ40）禹门口－阎良高速公路上的一座特大桥梁，该桥全长 3000 多米。试验区位于 K29+455～K30+160 范围，该区地段为黄土，属湿陷性黄土，层厚约 15m。现场试验试桩 2 根、锚桩 3 根，呈"一"字形布设，锚桩与试桩的桩径为 1.2m，桩长为 35.0m。1#试桩为浸水后加载试验，2#试桩为未浸水试验。

5.5.2　对比分析

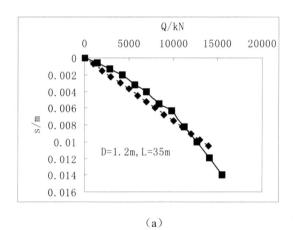 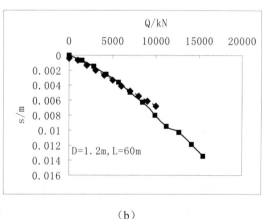

（a）　　　　　　　　　　　　　（b）

图 5-22　理论计算与实测 Q-S 曲线对比

（说明：实线为实测值，虚线为理论计算值）

利用本节所推理论对工程实例进行了计算，图 5-22 为计算结果比较曲线，从图中可以看出，在荷载较小时，理论计算结果略小于实测值，由于推导是基于弹性理论，故当较大荷载土体屈服后，理论结果大于实测值。总体上说理论解与实测结果基本相符。

将现场试验参数代入式（5-18）并进行计算，各级荷载作用下桩的轴力计算成果与实测成果相比十分接近，如图 5-23 所示，说明该公式具有较好的实用性。详细试验成果见第 4 章。

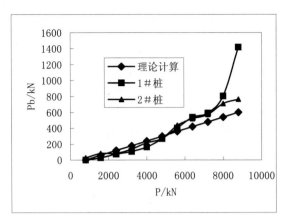

图 5-23　1#、2#试桩及理论计算桩端荷载成果对比

（说明：P 为桩顶荷载，P_b 为桩端阻力。）

5.6　主要结论

（1）中性点深度 h_1 与湿陷土层深度 h_0 之比 α（$\alpha=h_1/h_0$）随湿陷系数及湿陷厚度的增大而增大，随桩长的增大而增大，其取值范围在 0.88～0.993 之间。

（2）从弱湿陷性（δ_s=0.015）到中等湿陷性（δ_s=0.045）时，（P_1/P_0）随湿陷系数 δ_s 变化较明显，当到中等湿陷性之后则曲线变缓，说明 $\delta_s \geqslant 0.045$ 时，湿陷系数 δ_s 对 P_1/P_0 值的影响已不再显著。

（3）负摩擦力对桩受力的影响程度 P_1/P_0（负摩阻力作用下桩基极限承载力与未产生湿陷时桩的极限承载力之比）与长径比有关系，桩的长径比 L/D 在 19～30 的范围内变化时，P_1/P_0 值趋近于 1，表明：桩的长径比的合理取值，可使负摩阻力对桩承载力的影响降低到较小。

（4）湿陷性黄土厚度 10m 时，在满足合理的长径比（19～30）条件下，桩长不小于 35m 为宜。

（5）桩位于湿陷土层范围内的部分与应增加桩长的桩侧摩擦力分布相同时，应增加桩长与湿陷厚度之比 m（$m=\triangle L/h_0$）的变化范围为 0.41～0.57；当桩位于湿陷土层范围内的部分摩擦力按椭圆形分布、应增加桩长桩侧摩擦力按三角形分布时，桩的受力为最不利，其 m 值的变化范围为 0.64～0.90。

（6）基于弹性理论建立了湿陷性黄土地基单桩沉降及中性点的计算公式，并用该公式分析了黄土的湿陷等级、湿陷厚度及中性点位置变化等因素对桥梁桩基承载力的影响。结合现场实体工程的试验成果，将理论计算成果与其进行了对比分析，结果显示理论计算公式能较好地反映现场的实际情况,建议结合其他工程实测成果进行对比,验证理论公式工程适用的合理性,以便进一步推广应用。

第6章 海上桩基研究与应用现状

6.1 问题的提出

跨海大桥将在我国未来的政治、经济和交通枢纽中占有重要地位，随着我国经济的快速发展，东部沿海经济发达地区对跨海大桥的需求日益迫切。跨海大桥是海上交通基础建设的主要形式。海上地质、水文和气候环境与内陆地区差别很大，海上桥梁基础会时时刻刻受到风、浪、流冰和地震等环境载荷的作用，其所受环境及相应荷载变异都很大，导致其不同于以车辆荷载为控制荷载的常规桥梁，而是以风浪等的水平组合荷载为控制荷载。考虑到海深及通航净空，海上桥梁基础的悬空高度往往大于常规桥梁，使得水平荷载引起的弯矩值更大。其荷载取值超出了规范标定时所考虑的荷载范围。现代大型海上桥梁桩基多采用群桩基础，由于风浪流引起的水平荷载方向是不定的，因此基础的真实受力状况是不定水平荷载和竖向荷载构成的复杂组合荷载，这决定了海上桥梁桩基结构形式与内河桥梁基础大不相同。海上桥梁基础比跨河桥梁基础的受力条件更复杂，因此要求海上桥梁基础应具有更高的安全和耐久性。穿越复杂地质条件下的跨海大桥，其基础的承载特性和结构优化问题是提高桥梁安全和耐久性最根本的问题之一。

我国当前已建和要建的跨海桥梁已近10座，且每座跨海大桥的工程造价都在几十亿甚至上百亿元。以杭州湾大桥为例，工程总投资为118亿元，基础部分费用能占到工程总费用的1/3以上，大桥共有各类桩基7000余根，其中水中区域打桩4000多根，据工程单位提供的资料，海上桩基施工每延米造价是陆上桩基造价的2～3倍，如果对整座大桥基础进行结构优化，节省工程投资的潜力是巨大的。未来几十年，我国将建设相当数量的跨海大桥，本书涉及项目研究成果可应用于跨海和跨河大桥的基础设计、计算与评估。

因此，弄清复杂组合荷载作用下海上超长群桩基础承载性状，提出科学、合理的海上桥梁基础结构形式，对指导海上桥梁桩基的设计与施工是十分必要和迫切的，具有重要的理论与实际意义。

6.2 国内外研究现状

在实际设计中，对跨海桥梁基础受力分析时主要考虑以下三方面：竖向荷载、水平荷载及其荷载组合。跨海桥梁荷载与海洋平台荷载有很大的相似性，在理论相对成熟的海洋平台领域寻求研究跨海桥梁桩基受力体系的借鉴，是可行且有意义的。由于海洋平台的环境特点，使其动力响应分析成为研究的主要方面，海洋平台结构复杂、体积庞大，不同于陆地结构，它所处的环境十分恶劣多变，承受着风浪、海流、海冰和潮汐等多种随时间和空间变化的随机荷载，同时还受地震作用的威胁，因此需要根据实际情况选取不同的计算重点。当要求在波浪条件下建造经济的平台时，需要得到设计荷载的临界估算；当要求海上结构物在深水中建造时，平台固有频率的减小更容易被水流和波浪所激发，从而涡流脱落就可能产生显著的振动反应；当波浪越过平台甲板上部结构而引起结构的破坏和波浪作用力的增加，从而导致海洋平台结构出现超载而发生倒塌时,极端波浪作用便成为海洋平台结构承载力极限状态分析的关键问题;当平台所处海域属于重冰区时,海冰对平台的破坏作用不可忽视;当平台建设水域深度日益增大时,视海洋平台为刚体,以静力或准静力的方式设计承受波浪荷载的假定就显得不尽合理,考虑由于波浪引起的水动力荷载作用下结构响应的相对运动成为必须;当在比较恶劣的海域建造各种平台以适应海上钻井采油作业的需要时,波浪力往往是设计控制荷载,考虑其随机特性进行动力响应的分析即为当务之急。

6.2.1　竖向荷载

跨海桥梁基础竖向荷载与内河桥梁基础大体一致,国内外已经进行了较多研究。跨海桥梁在竖向上承受的荷载主要由桥梁结构自重、车辆荷载、土体的摩阻力及负摩阻力等。在确定桩基竖向荷载时主要采用以下几种方法:现场试验法、触探法、经验统计分析法等。实际应用中我国大都采用《公路桥涵设计通用规范》(JTG D60-2004)中的相关规定对桥梁基础进行竖向荷载的计算。

6.2.2　水平荷载

跨海桥梁由于所处环境复杂与内河桥梁所受水平荷载有很大差异,内河桥梁设计规范不适合用于跨海桥梁基础的水平荷载计算。跨海桥梁的水平控制荷载主要由汽车制动力、风荷载、波浪荷载及冰荷载组成。跨海桥梁荷载和海洋平台荷载有很大的相似性,在理论相对成熟的海洋平台领域寻求研究跨海桥梁桩基受力体系的借鉴,是可行且有意义的。

1. 汽车制动力

跨海桥梁所承受的汽车制动力与内陆普通桥梁是一样的,国内外对汽车制动力的研究已相当成熟完善,在《公路桥涵设计通用规范》(JTG D60-2004)中已作出明确规定,在实际设计、施工中基本采用该规范中的规定。本书在汽车制动力方面拟沿用公路桥涵设计通用规范中的规定。

2. 波浪荷载

波浪力在跨海桥梁的设计中属于控制性荷载,是决定设计方案、构件断面、工程造价的主要因素。考虑到选取不同波浪荷载的计算方法,其结果差异性较大,因此,波浪荷载合理分析对进行跨海桥梁的设计显得尤为重要。

针对波浪荷载,《公路桥涵设计通用规范》(JTG D60-2004)中给出了关于流水压力标准值的计算公式。但此计算公式适用于内陆河流,海上波浪的流速与方式均与内河存在很大差异,不适用于海上桥梁波浪荷载的计算。《海港水文规范》(JTS 145-2-2013)中的相关规定有一定的参考价值,但对其中的公式需要慎重选择。

在跨海桥梁工程中,在设计波浪情况下,基础(沉垫)和支撑结构(立柱)都承受强度相当大的波浪力作用。随着特大型桥梁向江河海湾延伸,波浪力也成为作用在桥梁基础上的一项主要环境荷载。跨海桥梁桩基与波长相比为尺度较小的细长柱体(即小尺度结构物),如圆柱体 $D/L<0.2$,因此,作用在其上的波浪力计算一般采用莫里森(Morison)方程,进而根据具体情况选定一种适宜的波浪理论和相应的拖曳力系数及惯性力系数。

由莫里森方程可知,波浪力沿水深不是直线分布,而是如图 6-1 所示的一种不规则的曲线分布。对于超长小尺度桩柱,其波浪力能否按照规范推荐的方法等效为一个集中力作用于桩体上,居艮国曾就波浪力作为集中力和分布力来考虑的两种情况做过对比研究,得出波浪力等效为集中荷载完全可以满足此类结构物计算要求的结论。

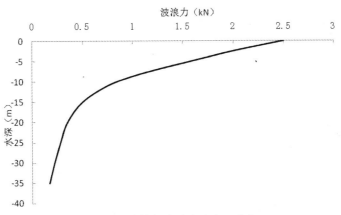

图 6-1　直桩柱波浪力沿水深分布

　　目前有关波浪荷载计算公式的结果，大多数仍然是通过在试验室内进行模型试验得到，而试验室里所模拟的现场是有局限性的，与天然情况存在着差异。因此实验结果在返还到原型上时，理论尚不成熟，会有相当大的误差，甚至与实际情况不相吻合。同时，实验要付出相当高的人力、物力、财力和技术要求。所以造价高、时间长的模型实验大多只在设计的最后阶段才进行，仅用以校验理论分析的可靠性。但在水工建筑物设计前期，如方案阶段，就需要估算出波浪荷载的大致状况，以便拟定设计方案，同时也为模型试验确定大致的研究范围。此时，数值模拟的方法就具有明显的优势，可以弥补试验研究的缺陷。

　　计算波浪力时，根据桩径和波长的比例可采用两种方法：若桩径较大，则认为速度力可以忽略，采用势流理论计算。其中有对于规则几何形状的圆柱体可以解析求解，对于几何不规则的物体可采用 Green 函数求解；若桩径较小，则认为绕射力可以忽略，采用半理论半经验 Morison 公式计算。

　　现行规范中，大部分采用 Morison 公式进行计算，势流理论有待发展。Morison 公式在 1950 年由美国加利福尼亚州伯克利大学的 Morison、O Bren 及 Johnson 提出，它是一个半经验半理论方法，它认为当构件直径 D 与波长相比很小，即 $D/L<0.15$ 时，波浪场将基本不受桩柱存在的影响而传播。莫里森方程是以绕流理论为基础的半理论半经验公式，假定柱体的存在对波浪运动无显著影响，认为波浪对柱体的作用主要是粘滞效应和附加质量效应。设有一小尺度柱体，直立在水深为 d 的海底，波高为 H 的入射波沿正 X 方向传播，柱体中心轴线与海底线的交点为坐标（X,Z）的原点。

　　在中国近海区域，跨海桥梁的直径 D 与海浪波长相比远小于 0.15，符合 Morison 公式的使用条件，可以使用该公式进行荷载计算。Morison 公式的研究重点是 C_m 和 C_d 这两个系数的确定，C_m 和 C_d 为设计波浪的主要因素。而设计波要素的精度高低将在很大程度上影响着波浪荷载计算结果的合理性。据统计，目前国内外波浪要素的计算方法近 80 种，因各种方法考虑因素的差异，使它们的适用范围和计算精度出入很大。目前我国主要采用莆田试验站公式、官厅水库公式、鹤地水库公式、安德列扬诺夫公式、SMB 法公式等半理论半经验公式计算波浪要素。这些公式往往是根据一定水深和一定水域形状的观测资料分析得出的，各自都具有一定的适用范围和局限性。官厅水库公式、鹤地水库公式适用于山区峡谷水库，库缘地势高峻，风速 4～16m/s，吹程 1～13km 的情况，安德列扬诺夫公式主要适用于计算深水波波浪要素，这两种方法都仅反映风速与吹程对波浪要素的影响，没有考虑水深对波浪要素的影响，有一定的局限性；SMB 法公式适用于计算水域中深水波和浅水波的波浪要素的有效值，在计算得出波高有效值后，依表查取有效波高与平均波高的比值，再由平均波高换算出一定设计保证率的波高值，一般计算值偏小。莆田试验站公式适用于计算水域中深水波和浅水波的波浪要素的平均值，在公式中能综合反映风速、吹程、水深各波浪要素之间的相互关系及对波浪要素的影响，其适用范围较广，无论对深水域还是对浅水域均可适用，且计算精度较高。然而波浪在由深水向近岸的传播过程中以及当边界条件发生突变时，因折射、绕射、浅水变形、波能损耗和波形破碎等物理作用的影响，波浪要素不断发生变化。计算波浪荷载时，一般假定桩为刚体，随着向深海的不断发展，海洋平台桩基的长细比越来越大，应当考虑弹性桩的振动和流体的耦合作用。

　　小直径桩一般是以群桩的形式出现在跨海桥梁下部结构中。在波浪力下，群桩中各组成桩的受力常与孤立桩有较大差别。这种变化的原因被称之为群桩效应。群桩效应除与相对桩距、群桩排列方式、桩个数等几何因素有关，还与波要素及波态有关。由于桩群周围的波动场是目前理论上难以描述的涡动场，故普遍采用模型实验手段来研究群桩效应问题。Buiinell 振荡水洞中研究了两个桩和 3×3 组合桩的相互干扰影响，指出干扰影响随着相对流动位移的增加而增加，受遮蔽桩上的最大阻力可减小到孤立桩的 50%。Sarpkaya 振荡水流进行了两个桩的实验，桩心距为 1.5～3.5 倍桩径。对于横向排列，当桩心距大于桩径 2.5 倍时，阻力系数和惯性力系数与相应孤立桩的系数值相当。Ghakrabani 波浪水槽中测量了桩心距为 4～10 倍桩径的不同多排桩所受的波浪力，实验发现作用力系数依赖于 KC 数和相对桩距。国内科学家对组合桩的波浪作用力也进行了实验研究，并得到一些有益的结果。

　　3. 风荷载

　　跨海桥梁一般跨径较大，受风面积大。风荷载对桥梁结构的影响较内陆大很多，尤其是台风等强气流运动对海上桥梁会造成毁灭性损害。在跨海桥梁施工设计中风荷载作为一个极其重要的可变荷载，应当引起设计、施工人员的高度重视。

　　风由两部分组成。一是长周期部分，其周期大小一般在 10min 以上；二是短周期部分，其周期常常只有几秒至几十秒。根据上述两种成份，常把风分为平均风和脉动风来加以分析。平均风是在给定的时间间隔内，把风对结构物的作用力的速度、方向以及其他物理量都看成不随时间而改变的量，考虑到风的长周期远远大于一般结构的自振周期，因而其作用性质相当于静力。脉动风是由风的不规则性引起的，它的强度是随时间按随机规律变化的。由于它周期较短，因而其作用性质是动力的，会引起结构的振动。

　　国内外对风荷载的计算做出了较多的研究：《公路桥涵设计通用规范》(JTG D60-2004)、《公路桥梁抗风设计规范》(JTG/T D60-01-2004) 对风荷载的计算做出了比较明确的公式，但这些公式只适用于内陆地区的桥梁，海洋上的风荷载与内陆地区存在较大的差异。《水工建筑物荷载设计规范》(DL5077-1997) 也提出了风荷载的计算公式，虽然在这里考虑了海上的风荷载的一些特征，但它主要是针对海上平台及风机的研究，在结构上与跨海桥梁存在较大的差异。

　　欧美国家在海洋风荷载计算这一领域的研究起步比较早，20 世纪七八十年代，欧美国家的研究人员、学者已经对各类海洋建筑物进行了风洞试验模拟，给出了风荷载计算的重要参数。1982 年 Pike 和 Vickery 对典型的拉索塔架平台结构进行了风洞实验，给出了结构所受的风力并将其与规范的计算值进行了对比分析。1983 年 Troesch 等人对 1:115 的半潜式海洋平台模型进行了风洞试验，计算了其上的风荷载作用。而随着科学技术的发展，计算风工程成为了风工程研究领域的又一崭新方法。人们已经开始尝试对各种复杂建筑的表面风荷载、跨海桥梁上的风荷载计算研究进行数值模拟计算，并和风洞试验的结果进行大量的比较，不断地修正完善计算模型。1998 年 Fumes 等人对海上的石油钻井平台在不同风向角下的风荷载进行了数值计算，在所有的风向角下整个平台所受到的风压的合力都取得了与风洞试验数据非常一致的结果。国内研究人员也在风工程领域进行了大量的工作，并取得了不少成果。但是针对跨海桥梁的风荷载方面的研究较少。上海交通大学的潘斌等人分析了目前规范给出的风荷载计算方法中的几个问题，编制了风荷载和风倾力臂横截曲线的计算程序，并给出了计算实例。

4. 冰荷载

冰结构相互作用历来是冰工程研究中最重要的课题。无论是国内还是国外，因冰造成桥梁和水工建筑破坏的事例时有发生。前苏联幅员辽阔，大部分国土地处高纬度的寒冷地区，对内陆河川的冰荷载研究起始较早，还有加拿大、美国、芬兰、日本、英国、德国和挪威等国对冰荷载的计算均有专门的规定。随着国际海洋油气资源的开发，以及海上桥梁的不断开工建设，许多学者从河冰研究转向海冰研究。

20 世纪 60 年代起，结冰海域石油开发得到了迅速的发展。各国政府及石油公司对海冰结构作用研究有较大的投入，从而带动了冰荷载研究的发展。杨国金，Sanderson 对早期冰荷载研究活动进行了系统的总结。认为这期间主要冰荷载研究工作包括：围绕 1963～1969 年在库克湾进行的冰与结构相互作用试验。Peyton，Blenkarn 对测量结果进行了总结，得出了库克湾冰荷载的大致范围，首次明确提出了冰激振动问题并对其进行了系统研究。其结果成为该海域平台建设的重要参考资料。加拿大的学者从 70 年代起对 Beaufort 海域的冰荷载进行了系统的研究。在 Molikpaq 人工岛上进行的冰荷载测量得到了大量的试验数据。这些研究给出了宽大结构上极值冰力的大小以及变化规律。Blancher（1996，1998）认为现有分析结果过于保守，在对多个现场试验数据的整理分析中，没有采用来自这一试验的数据。同一时期，北欧 Baltic 海域发生了多次海冰将灯塔推倒或引起灯塔强烈振动的事故，引起了人们对冰激结构振动的重视。Engelbrektson，Maattanen 等学者对这一问题也进行了研究。为了设计适合渤海冰情特点的石油平台，80 年代初期，我国与德国 HSVA 合作，对渤海海域的两座平台的冰力以及结构振动响应进行了测量，也开展了针对渤海冰情特点的冰荷载研究。Schwarz 等人通过现场试验测量得到了针对渤海海冰特点的最大冰荷载计算公式。该公式在随后的平台设计中得到了应用。实践证明：其对最大冰荷载的计算结果是比较合理的。杨国金在试验中发现了较严重的冰激振动现象，基于此提出了在平台上安装破冰锥体的抗冰措施。为了对潜在的冰区海洋石油进行开发，日本在 90 年代组织了大型的 JOIA 项目对冰荷载进行了研究。期间多家公司和科研机构进行了参与。他们利用中尺度试验对不同结构上的冰荷载进行了测量。对冰破碎机理等进行了比较深入的研究。Sodhi，Takeuchi，Kamesaki 等对试验结果进行了分析。对冰的挤压破碎机理、冰激振动以及极值冰力等问题进行了仔细地探讨。

对同一种结构上的冰荷载，不同公式给出的冰荷载甚至相差 10～15 倍。现场实测结果表明，依据现有公式设计的很多海洋结构可能过于保守。而且，虽然现有的结构满足了抵抗最大静冰力的要求，但冰激振动依然存在。对冰激振动机理的解释，也存在较大的争议。因此，1999～2003 年，欧洲的一些学者发起了 LOLEIF 及其后继的 STRICE 项目。该项目联合了中国、德国、芬兰、瑞典、挪威、俄罗斯、英国、法国、美国等一些科研单位，对海冰工程领域存在的问题进行了系统的总结与研究。利用各种方法从各个角度对诸多问题进行了分析与改进。尽管该项目没有解决目前存在的所有问题，但仍大大推动了冰荷载研究的进程。致力于极区海洋石油开发的石油公司，以及将在北欧海域建造大量风力发电塔的电力公司，对该项目进行了资助。随着测量技术、分析手段的进步，90 年代后期冰荷载研究取得了较大进展。尤其是我国渤海冰荷载测量以及欧盟 STRICE 项目中得到了很多高质量的现场试验数据。这些数据提供了大量的信息。虽然项目已经结束，还有许多数据没有被充分利用。2004 年开始，国际标准化组织决定总结近期的冰荷载研究成果，并对现有现场试验数据进行进一步分析，对原有标准进行更新。目前该部分分析工作已经基本结束，其结果正处在论证阶段。尽管冰荷载的研究已经经历了几十年的历史，但其整体水平仍然不高。其原因首先是工程需要并不是很广泛。相对于波浪、地震、风荷载的研究，冰荷载的研究只在加拿大、美国、北欧、日本、俄罗斯、中国等少数国家开展。除了加拿大之外，其他国家研究规模相对较小，时间短且不连续，因此研究深度有限。其次，各海域冰情结构形式差别很大，海冰引起的问题也不同。因此，冰荷载研究的侧重点不同。造成各国冰荷载研究相对独立，发展缓慢。另外，自然界中冰材料性质以及海冰与结构作用发生破坏的机理都非常复杂，冰荷载问题本身难度较大，进展较慢。

国内外主要有关河冰与海冰的工程实用冰荷载计算公式分别列出如下：加拿大标准协会 CAS 公式（1974），前苏联规范（1983），美国 API RP 2N 规范公式（1988），加拿大规范（1975）及美国 ASCE 建议公式（1981），日本 Hamayaka 公式（1974），中国海洋局海洋环境保护研究所公式、国内水工建筑物抗冻设计规范、国内公路设计规范、国内桥梁设计通用资料、国内海洋平台冰荷载规范、国内海港码头结构设计标准，张峰运用有限元分析的方法得出一个适合黄海海域环境的计算公式。对桩柱静冰力计算公式，尚有部分类似公式，本节中不一一列出。就以上公式而言，有的适用于近海结构物（如海洋平台），有的适用于内河结构（如桥梁墩台、大坝）。从公式的来源来看有两类：一类是基于极限冰压力理论的公式，为线性形式，量纲明确，形如 $F = C_1 DH\sigma_C$。极限冰压力理论认为，作用在结构上的冰压力不能大于使冰破坏的力，冰对结构作用力的最大值出现在冰破碎前的一瞬间，基于这一理论，冰的极限抗压强度 σ_C 和冰与结构物的挤压面积 DH 是冰压力的决定因素，然后再考虑其他次要因素作用，它们都包含在系数 C_1 中；另一类是由现场观测或试验得到的经验公式，为非线性形式，形如 $F = C_2 D^\sigma H^\beta \sigma_C$ 的经验公式虽然也认为冰压力是由 D、H、σ_C 等因素确定，不过它是根据大量的数据拟合出各个指数项，对于特定的情况能得到很好的结果，适用性较窄。

在我国北方近海区域，海水流速较小，流冰尺度不大，因此流冰撞击结构物产生的冲击较小，一般不控制设计。海冰大面积冻结在结构上概率较小，海冰对桥梁基础由于水位升降产生的荷载以及对结构物挤压产生的膨胀力较小，也可以忽略不计。因此，我国海冰对跨海桥梁结构基础的作用荷载主要是由于大面积冰场运动而产生的静冰压力。陈虎成认为：①在我国渤海和黄海北部的海域修建跨海桥梁，应考虑海冰荷载的影响；②我国跨海桥梁荷载计算中海冰荷载主要为海冰的挤压破坏模式产生的；③应该慎重使用中国固定平台冰荷载计算公式；④桥梁设计中冰荷载计算应考虑水流运动方向进行分解计算。

6.3 工程应用现状

跨海桥梁的深水基础，往往需要解决施工技术上的许多难点，也往往是控制整个桥梁工程进度的关键，其费用也占桥梁造价相当大的比重。近年来，国内外都修建了不少跨越海湾的深水基础，取得了很大的成绩，积累了不少新经验。大直径钢管桩、大直径混凝土灌注桩和空心桩、复合基础均得到较广泛的采用，这一切都标志着桥梁基础工程技术已取得了很大的发展。我国桥梁深水基础从 20 世纪 50 年代开始，发展至今已进入国际先进水平，将发展过程粗略划为三个阶段。

第一阶段：大力发展管桩基础。20 世纪 50 年代因修建武汉长江大桥的需要，首创直径 1.55m 管桩基础后，自此后管桩直径发展到 3.0m、3.6m、5.8m，材料亦由普通混凝土管桩发展到预应力混凝土管柱和钢管桩。

第二阶段：大力发展沉井和钻孔桩基础。20 世纪 60 年代，因修建南京长江大桥的需要，发展了重型沉井、探水浮运沉井和沉井套管桩基础。同时因公路桥梁深水基础的发展和成昆铁路的建设，全国开始大规模发展钻孔桩基础。

第三阶段：大力发展复合基础和特殊基础。20 世纪 80 年代，在修建肇庆西江大桥时开始采用双承台钢管桩基础，在修建广州江村南北桥时采用了钢筋混凝土沉井加冲孔灌注桩基础。随着我国近海和海湾桥梁深水基础的发展，各类组合基础和特殊基础得到了更多得开发和应用。

我国发展跨海大桥大部分采用钻孔灌注桩基础形式。目前，桩基础以其水陆适应性强、机械化程度高、桩径可变度大、贯入深度深、嵌岩能力强等优点，已经逐渐被世界公认为安全可靠且极为有效的基础形式之一，并在我国公路桥梁建设中所占的比例超过了 80%。

我国发展跨海大桥是从 20 世纪 80 年代开始的，1987 年动工并于 1991 年 5 月建成通车的厦门大桥，由 47 对矩形桥墩撑起的大桥全长 6599 米，它也是中国首次采用海上大直径嵌岩钻孔灌注桩。

1997 年的广东虎门大桥作为连接珠江三角洲的重要交通工程，其主通航跨的跨度是当时中国桥梁跨度最大的，为 888m，所用的基础形式是钻孔灌注桩基础。

2005 年建成的东海大桥是中国第一座真正意义上的外海跨海大桥，全长 32.5 公里，其主通航桥基础采用长 106m 的钻孔桩基础，而在非通航段由于基础数量大，海上可施工时间短等特点，采用了相对造价较高但所需施工时间最少的钢管桩基础。其基础类型的选择较好地协调了造价与工期的关系，通过缩短工期使桥梁提前投入运营。

2007 年建成的杭州湾跨海大桥全长 36 公里，是目前世界上最长的跨海大桥。即将建设完成的青岛海湾大桥是我国北方寒冷海域第一座超大型海上桥梁集群工程。长江上近几年建成的润扬大桥、南京三桥、苏通大桥以及在建的泰州大桥主桥深水基础结构尺寸越来越大。海上跨海大桥工程如舟山金塘大桥、福建平潭海峡大桥等项目的不断开工建设，积累的经验也会越来越丰富，下部基础结构的设计和施工越来越成熟。随着各种超大型桥梁的不断建设开工，尤其是斜拉桥、悬索桥在跨海桥梁中的应用，我国对基础的承载力等要求也随之提高，具体的表现就是桩长及桩径的增长（如表 6-1 所示）。近年来，我国的钻孔灌注桩应用取得了很大的进步，也对桥梁基础的研究设计提出了更高的要求。

表 6-1　我国大型跨海桥梁基础技术指标

参数 项目	基础形式	直径 （m）	数量 （根）	桩长 （m）	混凝土用量 （m³）
杭州湾大桥南航道桥主塔基础	钻孔灌注桩	2.8	38	125	29233
舟山金塘跨海大桥主塔基础	变径钻孔灌注桩	2.8 变径至 2.5	42	115	26626

参数 项目	基础形式	直径 （m）	数量 （根）	桩长 （m）	混凝土用量 （m³）
青岛海湾大桥大沽河航道桥主塔基础	钻孔灌注桩	2.5	24	85.5	10068
青岛海湾大桥沧口航道桥主塔基础	钻孔灌注桩	2.5	28	67	9204
青岛海湾大桥红岛航道桥主塔基础	钻孔灌注桩	2.2	27	83	8514
湛江海湾大桥主塔基础	变径钻孔灌注桩	2.9变径至2.5	31	100	17740
上海东海大桥	钢管桩	1.5	5697	62.5	

第7章　跨海桥梁的受力环境

　　沿海地区是我国的经济命脉，大部分经济发达省市分布在我国东部沿海，随着我国经济建设及国防战略建设的推进，沿海地区对快捷安全交通通道的需求越来越迫切。在环渤海经济圈、长三角经济群、珠三角经济群已经开始了高难度跨海大桥的建设工作，跨海大桥的建设水平从一定程度上反映着一个国家经济实力的强弱。跨海大桥与内陆桥梁相比，所处工作环境更为复杂，自然条件恶劣，气象灾害多发，施工难度极大，通过对跨海桥梁所处复杂受力环境的分析，可以对跨海桥梁的受力特性进行更加细致准确的研究，以达到提高工程的可靠性，节省原材料，缩短施工周期的目的。本章通过查阅大量文献资料及实地考察胶州湾海洋环境，对我国近海地质地形、洋流潮汐、海风、海冰等自然条件进行了归纳分析。

7.1　中国海洋概况

　　我国东南两面临海，是一个陆海兼具的国家。近海及毗邻海域：毗邻中国大陆边缘及台湾岛的海洋有黄海、东海、南海及台湾以东的太平洋，渤海则是伸入我国大陆的内海。渤海、黄海、东海、南海四海，东西横跨经度 32 度，南北纵越纬度 44 度。海域总面积 473 万平方公里（截至 1997 年）。大陆海岸北起辽宁鸭绿江口，南达广西的北仑河口全长 1.8 万公里（截至 1997 年），居世界第四；我国拥有 200 多万平方公里的大陆架，面积居世界第五位。按照国际法和《联合国海洋法公约》的有关规定，我国主张的管辖海域面积可达 300 万平方公里，接近陆地领土面积的三分之一，其中与领土有同等法律地位的领海面积为 38 万平方公里。人均海洋国土面积 0.0027 平方公里，相当于世界人均海洋国土面积的 1/10；海陆面积比值为 0.31:1，在世界沿海国家中列第 108 位。在我国海域中有 6960 多个岛屿，面积在 500 平方米以上的岛屿 7372 个，有人居住的岛屿有 430 多个，总人口 450 多万人。我国海岛总面积近 8 万平方公里。其中我国最大的岛屿是台湾岛，面积约 3.6 万平方公里，其次是海南岛，面积约 3.4 万平方公里。我国岛屿海岸线总长约 1.4 万公里（截至 1997 年）。

　　跨海桥梁是我国海洋战略的一个重要组成部分。在 21 世纪的第一个十年中，中国海洋事业经历了积极的变革和发展，海洋战略地位日渐重要，民族的海洋意识不断增强；海洋管理立法实现突破，海洋法律体系基本建成；海洋战略研究初见成效，发展规划成果显现；海洋产业不断壮大，海洋经济发展迅速；海洋管理迈出新步伐，维权执法全面推进。中国海洋战略可以表述为"建设海洋强国"，即以扩大管辖海域和维护中国在全球的海洋权益为核心的海洋略；以建设海洋经济强国为中心的海洋经济战略；以近海防御为主的海洋防卫战略和以高技术和常规技术相结合的海洋科技战略。

7.2　中国近海地质地形

7.2.1　中国近海的地形

我国位于亚欧板块与太平洋板块和印度洋板块的交界处，地壳运动活跃，地质灾害多发。

在板块碰撞及火山活动的影响下海底地形复杂多变，近海海区海底地形如图 7-1 所示。

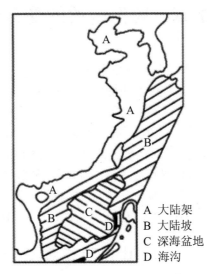

A 大陆架
B 大陆坡
C 深海盆地
D 海沟

图 7-1 中国近海海区海底地形示意图

（1）渤海：渤海深度最浅，四周的深度在 20m 以内，中央部分的深度为 20~30m，最深的地方在老铁山水道约 78m，属大陆架区。

（2）黄海：黄海是深度小于 100m 的浅海，属于大陆架区，东侧较深为 50~80m，西侧较浅为 20~50m；北黄海较浅为 50~60m，南黄海较深长江口以北的江苏海面，近岸区沙滩很多，水深大部分不到 20m。

（3）东海：东海约有三分之二的海区属于大陆架区，只有东部一小条狭窄地带为大陆坡区，东海的深度有一半左右是 100m 以内的浅海，东部水深较大，最大深度为 2700m 左右。

（4）南海：南海深度最大，台湾、海南岛以及靠近大陆附近的深度在 200m 以内，属于大陆架区。在东海的东南侧为阶梯状大陆坡的海底平原上，分布着一个呈北东—南西向的菱形深海盆地，深海盆地的中央，平均深度约 3000m，最大深度为 5420m。加里曼丹、马来半岛一侧具有宽广的大陆架，深度在 60~80m，其余海区均超过 200m。

7.2.2 中国近海沉积物分布特点

中国近海沉积物的分布特点是以陆源物质为主。这些陆源碎屑是河流搬运，岛屿、海岸、海底剥蚀等综合作用的结果，其中主要靠河流输入。

（1）渤海：渤海沉积物大部分是粒度较细的软泥和沙质泥。它的分布特点是近岸地区粒度较细，海区中央粒度较粗。在辽东湾、渤海湾和莱州湾海区分布着粒度较细的粉沙质粘土软泥和粘土质软泥。渤海中央分布着细粉沙、粗粉沙和细沙等粒度较粗的沉积物。渤海的西北部，从辽东湾到渤海湾的岸边，分布着一条沙质沉积带。辽东半岛南端的外围，分布着沙质沉积物。渤海海峡北部，沉积物较粗，除了有细沙、粗沙外，还分布有砾和破碎的贝壳等，南面的沉积物则以粉沙为主。长兴岛周围海区的沉积物比较复杂，分布着各种粒度的砾石。

（2）黄海：黄海沉积物的性质与渤海相似，大都是陆源物质。大陆径流输入的泥沙和悬浮物质，成为黄海海底沉积物的主要来源。黄海东部近岸海区，分布着广阔的细沙和粗粉沙。西部以细粒的沉积物为主，多淤泥和粘土质沉积物，沉积物颗粒从海岸向外海由粗逐渐变细。

黄海中部为粘土质软泥。黄海东西两侧的沉积物分布类型不同，东侧粒度较粗，西侧较细。

（3）东海：东海软泥沉积物很少，沙质沉积物占主要地位。如果以 50m 等深线为界，分成东西两部分，则西部为粉沙、粘土软泥及粉沙质粘土软泥，东部为沙质沉积物。琉球群岛附近的沉积物为沙、石砾、珊瑚和石枝藻等。钱塘江和长江的交汇区主要为粉沙和粉沙质粘土软泥。舟山以南浙江沿海沉积物的分布，呈与海岸平行的窄长带状。近岸岛屿间为粉沙质粘土质软泥；向外水深在 20～50m，沉积物为粘土质软泥；深 50～60m 处，为粉沙和细沙；台湾海峡西岸，近福建沿岸为粉沙及粉沙质粘土；东岸至台湾岛的西岸广大海域，沉积物细沙占优势，并偶有粗沙出现。沿浙、闽的沿岸，分布着粘土质软泥，通过台湾海峡一直延伸到广东东部沿海到海南岛附近。东海外缘含有许多贝壳的沙质沉积物，也通过台湾海峡与南海北部的沙质带相连。

（4）南海：南海北部大陆架内侧分布着带状的细粒沉积，外侧则为沙质沉积，在沙质带处，是大陆坡上的粉沙质粘土软泥。南海南部大陆架的沉积，为沙和泥质沙，并有砾石、贝壳、珊瑚和石枝藻等。南海东部岛屿附近的沉积物比较复杂，有沙、沙质软泥、岩石、贝壳、珊瑚、石枝藻和抱球虫软泥等。南海大陆坡上的沉积物主要为软泥及粘土质软泥。南海中央盆地的沉积物多为抱球虫软泥，并含有火山灰。

7.3　风

海洋环境下，风灾害较内陆地区破坏力更强，风向变化复杂，发生频繁并且常伴随暴雨雷电灾害。台风是一种破坏力很强的灾害性天气系统，但有时也能起到消除干旱的有益作用。其危害性主要有三个方面：

（1）大风。台风中心附近最大风力一般为 8 级以上。

（2）暴雨。台风是最强的暴雨天气系统之一，在台风经过的地区，一般能产生 150～300mm 的降雨，少数台风能产生 1000mm 以上的特大暴雨。1975 年第 3 号台风在淮河上游产生的特大暴雨，创造了中国大陆地区暴雨极值，形成了河南“758”大洪水。

（3）风暴潮。一般台风能使沿岸海水产生增水，江苏省沿海最大增水可达 3m。“9608”和“9711”号台风增水，使江苏省沿江沿海出现超历史的高潮位。台风过境时常常带来狂风暴雨天气，引起海面巨浪，严重威胁航海安全。登陆后，可摧毁庄稼、各种建筑设施等，造成人民生命、财产的巨大损失。风暴潮是由台风、温带气旋、冷锋的强风作用和气压骤变等强烈的天气系统引起的海面异常升降现象，又称“风暴增水”、“风暴海啸”、“气象海啸”或“风潮”。风暴潮会使受到影响的海区的潮位大大超过正常潮位。如果风暴潮恰好与影响海区天文潮位高潮相重叠，就会使水位暴涨，海水涌进内陆，造成巨大破坏。如 1953 年 2 月发生在荷兰沿岸的强大风暴潮，使水位高出正常潮位 3 米多。洪水冲毁了防护堤，淹没土地 80 万英亩，导致2000 余人死亡。又如 1970 年 11 月 12～13 日发生在孟加拉湾沿岸地区的一次风暴潮，曾导致30 余万人死亡和 100 多万人无家可归。我国是台风和龙卷风多发国，每年因风灾造成的经济损失巨大，海上桥梁设计施工中应着重考虑海风的影响。海面风场对海水的运动有至关重要的影响，特别与表面海流的变化、海浪发展和传播以及风暴水位涨落的程度等有密切关系。风力的计算，是跨海桥梁设计中必不可少的条件。此外，为利用良好的天气进行海上作业，以及海上船舶通航等，也必须了解工作海区的大风规律及特点，并通过分析强风向、常风向，统计大风日数，绘制风玫瑰图等方法，进一步掌握风对作业区的影响。

　　风作为空气的流动，风的强弱以风速大小表示，具有一定速度的风受到结构物阻挡时，即对之产生作用力。以海面上 10m 左右高程、50 年一遇，10min 平均最大风速值和 1min 平均最大风速值，分别作为一般条件下的设计风速建议值和极端条件下的设计风速建议值，如图 7-2 所示。

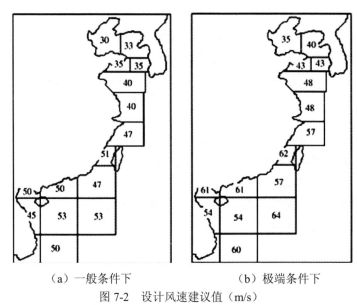

（a）一般条件下 　　　　　　　（b）极端条件下

图 7-2 　设计风速建议值（m/s）

7.4 　潮汐

7.4.1 　我国沿海潮差

　　海洋潮汐是由天体的引潮力所产生的。潮汐的涨退现象是因时因地而异的，从涨退周期来说，分为四种类型：正规半日潮、全日潮、不正规半日潮和不正规日潮。潮差和潮流的作用直接影响跨海桥梁的受力和结构尺寸。

　　（1）渤海：渤海潮差中部为 2m，近岸约 3m，辽东湾顶部及渤海湾顶部潮差较大，在 4m 以上。

　　（2）黄海：黄海潮差中央及山东半岛北岸为 2～3m，辽东南岸为 3～8m，山东南岸及江苏沿岸在 4m 以上。

　　（3）东海：东海浙江、福建沿岸为我国潮差最大的地方，大部分地区在 7m 以上，其中特别是杭州湾澉浦，最大潮差为 8～9m。

　　（4）南海：南海潮差一般比东海要小。南海北岸，从台湾海峡到珠江口一带以及广州湾附近，潮差较大，广州湾附近约 3.5m，而海南岛东岸只有 1.8m。整个南海以北部湾潮差最大，为 3～5m，其顶部潮差可达 5～6m。

7.4.2 　我国近海潮流

　　潮流是中国近海的海流系统之一。主要由黄海沿岸流、东海沿岸流和南海沿岸流组成。黄海沿岸流是沿山东和江苏海岸流动的冲淡水，属低盐（冬季兼低温）水流，水色混浊。起自渤海湾，沿山东半岛北岸东流，绕过成山角后，沿海州湾外缘南下，至长江口北转向东南，其中一部分加入黄海暖流，另一部分越过长江口浅滩进入东海，流速一般小于 25cm/s。东海沿岸流是由长江、钱塘江和闽江等入海径流与周围海水混合而成，盐度极低，水温年变幅大，水色混浊，流速 25cm/s 左右，流向随季节而变。冬季因盛行东北风而顺岸南下，夏季因东南风和西南风占优势而流向北和东北。南海沿岸流指东经 116°以西、广东沿岸的海流。盐度较低（夏季最低盐度仅 12‰），流速较大，在珠江口附近流速平均为 25cm/s，最大达 70cm/s；流向亦随季节盛行风而变。冬季沿广东沿岸向西南流向湛江港，沿雷州半岛向南流，分为两支，一支沿海南岛东岸继续向西南流，另一支在海南岛东北转向东北流，形成湛江港环流；夏季则自湛江港起一致流向东北。

我国近海潮流情况比较复杂，渤海大部分海区具有不正规半日潮流性质，渤海海峡却为不正规日潮流。黄海东部及朝鲜西岸，多为半日潮流。黄海西部及中国沿岸则以不正规半日潮流为主。山东半岛北端为不正规日潮流。东海及台湾海峡以半日潮流为主。南海潮流很复杂，但总的说来以日潮流为主。黄海的潮流多为旋转式，流速中央小（约 0.5m/s），近岸大，而东岸又比西岸大。中国沿岸在 1m/s 左右，朝鲜沿岸最大可超过 1.25～1.5m/s。东海潮流近岸多为往复式，外海多为旋转式，但长江口附近佘山地区也为旋转式，流速一般也以近岸为大，外海较小。佘山地区流速可达 1.0～2.3m/s，杭州湾北岸东部地区可达 2.6～3.1m/s，东海近岸地区由于海湾岛屿较多，潮流情况极为复杂。台湾海峡潮流为南北向，北面流速不超过 1.0m/s，澎湖列岛以南可大于 1.0～1.5m/s。南海潮流一般不大，广州湾附近 0.75m/s 左右，海南岛地区最强也不超过 0.5m/s。

7.4.3　大洋环流

世界大洋环流是由规律的环流系统组成。大洋环流系统通常分成表层环流系统和深层环流系统。大洋表层以风生大洋环流为主，大洋深层则以热盐环流为主。在北半球与我国海域有关的大洋环流主要有：

（1）北赤道流：在北纬 10°～25°，由东向西流动，流速一般在 0.15～0.5m/s，流幅宽度约 2000km，厚度约 200m。

（2）黑潮：由北赤道流抵亚洲后向北的分支，是著名的暖潮，其表层的最大流速约为 0.51～1.02m/s，最大流速达 1.02～2.5m/s，宽约 200km，厚约 400m，其特点为高温、高盐、水色深蓝。由黑潮主干分出一支在济州岛南面北上进入黄海南部，称为黄海暖流，其流速约 0.10～0.15m/s。在台湾东北海域分出另一支，沿闽浙外海北上，可达杭州湾外，称为台湾暖流，通常流速为 0.26～0.51m/s。在东海，黑潮流速为 1.02～1.54m/s。

7.5　波浪

7.5.1　波浪参数

（1）平均波高（$\overline{H}$）：在一次观测或一系列波高中，所有波高的平均值。

$$\overline{H} = \frac{H_1 + H_2 + \cdots + H_n}{n}$$

式中：　n—波的总个数；

H_1，H_2，…，H_n—实测波的波高。

（2）均方根波高（H_S）：在一次观测或一列波高系列中，所有波高平方和的平均值再开方。

$$H_S = \sqrt{\frac{\sum_{i=1}^{n} H_i^2}{n}}$$

（3）部分大波波高（$H_{1/n}$）：在一次观测或一列波高系列中，按大小将所有波高依次排列起来，取出 $\frac{1}{n}$ 最大波高计算平均值，称为该部分大波的波高。如对于最高的 1/100、1/10…1/3 等的波，其平均波高分别以符号 $H_{1/100}$、$H_{1/10}$…$H_{1/3}$ 等表示。例如 1000 个波高中，取出 1/10 最大波高加以平均，即取 100 个最大波高加以平均，若平均波高得 3m，记为 $H_{1/10}$=3m。

（4）各种保证率对应的波高（H_F）：在一次观测或一列波高系列中，统计出波高不小于某一波高值（H）的百分比 F，这某一波高值（H）就称为保证率 F 对应的波高。例如，已知 100 个波的波高值，欲计算保证率 F=5%对应的波。则此时可把 100 个波按大小顺序排列起来，若发现前 5 个波的波高值等于或大于 2m，于是保证率 5%对应的波高为 2m，并计为 $H_{5\%}$=2m。

（5）最大波高 H_{max}：某种条件下出现的最大波高。

（6）重现期：频率 P 是海洋水文统计和港工设计中的重要指标，通常用重现期来表示。重现期 T 是指某一海洋水文特征数值在多少年内出现一次，即多少年可以一遇。重现期 T 与频率 P 之间的关系是：T=100/P。

（7）波级表：对于波浪根据 1/3 或 1/10 的大波波高，大小从 0 到 9 分 10 个等级。如表 7-1 所示为波级表。

表 7-1　波级表

波级	波高范围（m）		波浪名称
0	0	0	无浪
1	$H_{1/3}<0.1$	$H_{1/10}<0.1$	微浪
2	$0.1 \leqslant H_{1/3}<0.5$	$0.1 \leqslant H_{1/10}<0.5$	小浪
3	$0.5 \leqslant H_{1/3}<1.25$	$0.5 \leqslant H_{1/10}<1.5$	清浪
4	$1.25 \leqslant H_{1/3}<2.5$	$1.5 \leqslant H_{1/10}<3.0$	中浪
5	$2.5 \leqslant H_{1/3}<4.0$	$3.0 \leqslant H_{1/10}<5.0$	大浪
6	$4.0 \leqslant H_{1/3}<6.0$	$5.0 \leqslant H_{1/10}<7.5$	巨浪
7	$6.0 \leqslant H_{1/3}<9.0$	$7.5 \leqslant H_{1/10}<11.5$	狂浪
8	$9.0 \leqslant H_{1/3}<14.0$	$11.5 \leqslant H_{1/10}<18.0$	狂涛
9	$H_{1/3} \geqslant 14.0$	$H_{1/10} \geqslant 18.0$	怒涛

海浪作为由风产生的海面波动，其周期为 0.5～25s，波长为几十厘米至几百米，一般波高为几厘米至 20 米，在罕见的情况下，波高可达 30 米。由强烈大气扰动，如热带气旋（台风、飓风）、温带气旋和强冷空气大风等引起的海浪，在海上常能掀翻船只，摧毁海上工程和海岸工程，造成巨大灾害。近年来随着海洋开发的深入展开，灾害性海浪带来的损失日益增多。在强风暴带动下，海浪对位于海洋中的工程设施会造成毁灭性破坏，在跨海桥梁施工设计中应充分考虑海浪对工程的影响。

7.5.2　我国近海波高

我国沿岸平均波高（$H_{1/10}$）的分布，一般是北部沿岸小，南部沿岸大。渤海沿岸约为 0.3～

0.6m；渤海海峡、山东半岛南部、苏北、长江口和浙江北部沿岸，大致为 0.6～1.2m；广东沿岸为 1.0m；海南岛和北部湾沿岸约为 0.6～0.8m；西沙群岛为 1.4m 左右。就最大波高而言，冬季在寒潮大风的侵袭下，一般北方沿岸大于南方沿岸。冬季，在寒潮的影响下，我国沿岸以偏北浪为主，偏东浪为次。在渤海海峡地区，冷空气通行无阻，北向浪很大，最高波高达 8.0m 之多；山东半岛东部成山头一带最大波高达 6.4m。山东半岛南部沿岸一般大浪较少；苏北和浙闽沿岸的最大波高一般在 2.9～4.1m；台湾海峡最大波高达 9.5m，台湾省沿岸最大波高 7.5～15.0m；广东沿岸最大波高在 3.3m 以下；西沙群岛附近最大波高为 4.4m；南沙群岛附近最大波高达 9.5m。夏季，我国沿岸受偏南季风的影响，尤其是东海和南海沿岸，台风活动频繁，波高很大，南方大于北方。渤海沿岸偏南浪的最大波高一般都在 3.5m 以下，渤海海峡东北浪最大波高为 5.7m；山东半岛南部南向浪的最大波高有 4.4m；苏北沿岸和长江口东东北浪的最大波高为 1.7～3.2m；浙江北部沿岸南向浪最大波高为 3.5m，浙江南部至广东云澳一带偏南浪的最大波高一般在 5.9～8.5m；粤东和粤西沿岸最大波高达 15m；北部湾北部沿岸的涠洲岛南东南浪最大波高为 4.6m；海南岛北部沿岸的玉苞东北浪的最大波高为 7.0m；西沙群岛附近的南西南浪最大波高为 10.0m；南沙群岛附近的最大波高为 7.5m。

7.5.3　海啸

海啸是由水下地震、火山爆发或水下塌陷和滑坡所激起的巨浪。破坏性地震海啸发生的条件是：在地震构造运动中出现垂直运动；震源深度小于 20～50km；里氏震级要大于 6.5 级。而没有海底变形的地震冲击或海底弹性震动，可引起较弱的海啸。水下核爆炸也能产生人造海啸。尽管海啸的危害巨大，但它形成的频次有限，尤其在人们可以对它进行预测以来，其所造成的危害已大为降低。

7.6　海冰

在有结冰的海域建造海洋工程结构时，应考虑冰对结构的作用。冰荷载的主要作用形式有：①大面积冰场运动时产生的静冰压力；②流冰产生的撞击力；③冻结在结构上的冰因水位升降产生的竖向力；④结构内、外的冰因温度变化产生的膨胀力。此外，还有作用于斜面的荷载、冰片爬升及堆积的作用力、冰与建筑物联合振动作用力等。我国结冰海域主要位于渤海、黄海海域，这些海区的海水流速较小，波浪作用程度较弱，海冰流动对建筑物产生的撞击力可以不考虑。因为桥墩体积较大，冰层一般较薄，冰的上拔力对建筑物的影响很小，在计算时可以不考虑。另外，因大桥桥墩是实心结构，结构内没有冰，不存在结构内、外的冰因温度变化产生的膨胀力。因此，作用在大桥墩上的冰荷载主要是大面积冰场运动时产生的静冰压力。

我国海冰较严重的海域集中在渤海湾和黄海近岸海区，以胶州湾为例，几乎每年冬季都会出现不同程度结冰状况。在 1915～1982 年的 60 多年中，胶州湾海水结冰较重和特重年份共 12 次，平均 4 年多出现一次。最长时间间隔 8～10 年，最短连续 2 年均为较重年份。特重年份最长间隔 21 年，最短 12 年。20 世纪以来，尾数是 7 的年份或其前后 1 年，都是海冰结冰较重或特重的年份。胶州湾在冰情较重年份，冰冻对中小型舰船航行有影响。在特重年份的严重冰冻不仅小型船只不能出入港口，大型船只出入港口也很困难。

出现在结冰海域的海冰主要有三种类型：固定冰、堆积冰、浮冰。

（1）固定冰。胶州湾的固定冰多出现在严重冰期内。湾内冰层随温度降低或降雪而增厚，其范围一般沿 2 米等深线以内分布，多以灰白冰及厚冰为主。因降雪所造成的固定冰厚度可达 100cm 以上。北岸及西岸由于滩浅河多，固定冰比东南沿岸出现得早，持续时间也长。

（2）堆积冰。一般年份，胶州湾的海冰堆积并不严重。在较重和特重年份，由于冷空气的频繁影响，造成长时间的低温，因气温急剧下降，促使水温降到冰点，若继续冷却，便出现海冰。在向风岸和潮流作用下，海面上的大量流冰被推向岸边，形成严重的堆积现象。加之被风浪打上的海水，在岸边的冰层上迅速冻结，重重叠叠，冰层逐渐增厚。在较严重年份，胶州湾北岸的河口堆积冰一般高达 50~100cm，最高可达 300cm 以上。

（3）浮冰。正常年份的 12 月下旬，胶州湾的北部（特别是北偏东和北偏西部）就有冰情出现。在初期，多以初生冰和饼冰为主；在严重冰期，多以皮冰和板冰为主。一般年份，浮冰边缘线基本沿 5m 等深线以内分布；在冰情较重年份的重冰期内，浮冰边缘线大致沿 10m 等深线以内分布。另外，此处的浮冰范围日变化较大。基本特点是：早晚重，中午轻，吹西北风时冰量变化大。

总之，跨海桥梁受力环境较内陆桥梁复杂许多，外界可变荷载的影响力大，破坏性强。在进行海上桥梁设计、施工时应充分考虑各种荷载因素，采取准确恰当的理论模型与计算方法，以保证海上桥梁在复杂环境下的安全可靠。

第8章 跨海桥梁荷载组合分析

跨海桥梁所受环境荷载作用及相应荷载变异都很大，导致其不同于以车载为控制荷载的常规桥梁，而是以风浪流的水平组合荷载为控制荷载。由于风浪流引起的水平荷载方向是不定的，因此基础的真实受力状况是不定水平荷载和竖向荷载构成的复杂组合荷载，内河桥梁设计规范不适用于跨海桥梁基础的水平荷载计算。本章在对相关规范、文献总结分析的基础上，结合跨海桥梁受力特点对汽车制动力、风荷载、波浪荷载及冰荷载进行了分析对比。

8.1 汽车制动力

跨海桥梁所承受的汽车制动力与内陆普通桥梁是一样形式的，国内外对汽车制动力的研究已相当成熟完善，在《公路桥涵设计通用规范》（JTG D60-2004）中已作出明确规定，在实际设计、施工中基本采用该规范中的规定。本节在汽车制动力方面拟沿用公路桥涵设计通用规范中的规定：

（1）汽车荷载制动力按同向行驶的汽车荷载（不计冲击力）计算，以使桥梁墩台产生最不利纵向力的加载长度进行纵向折减。一个设计车道上由汽车荷载产生的制动力标准值按车道荷载标准值在加载长度上计算的总重力的 10% 计算，但公路－I 级汽车荷载的制动力标准值不得小于 165kN；公路－II 级汽车荷载的制动力标准值不得小于 90kN。同向行驶双车道的汽车荷载制动力标准值为一个设计车道制动力标准值的两倍；同向行驶三车道为一个设计车道的2.34 倍；同向行驶四车道为一个设计车道的 2.68 倍。

（2）制动力的着力点在桥面以上 1.2m 处，计算墩台时，可移至支座铰中心或支座底座面上。计算刚构桥、拱桥时，制动力的着力点可移至桥面上，但不计因此而产生的竖向力和力矩。

（3）大跨径桥梁上的汽车荷载应考虑纵向折减，当桥梁计算跨径大于 150m 时，应按表8-1 规定的纵向折减系数进行折减。当为多跨连续结构时，整个结构应按最大的计算跨径考虑汽车荷载的纵向折减。

表 8-1 纵向折减系数

计算跨径 L_0（m）	$150<L_0<400$	$400 \leq L_0<600$	$600 \leq L_0<800$	$800 \leq L_0<1000$	$L_0 \geq 1000$
纵向折减系数	0.97	0.96	0.95	0.94	0.93

8.2 波浪荷载

8.2.1 规范计算方法

（1）《公路桥涵设计通用规范》（JTG D60-2004）作用在桥墩上的流水压力标准值可按下式计算：

$$F_W = KA\frac{\gamma V^2}{2g}$$

式中：F_W——流水压力标准值，kN；

   γ——水的重力密度，kN/m³；

   V——设计流速，m/s；

   A——桥墩阻水面积，m²，计算至一般冲刷线处；

   g——重力加速度，m/s²；

   K——桥墩形状系数；流水压力合力的着力点，假定在设计水位线以下 0.3 倍水深处。

（2）《海港水文规范》（JTS145-2-2013）中关于圆柱墩上的最大水平总波力和最大水平总波力矩出现在同一时刻，按下列公式计算：

$$P_{\max} = \alpha_P P_{\max}$$

$$P_{\max} = P_{I\max}$$

$$P_{I\max} = C_M \frac{\gamma AH}{2} K_2$$

式中：$P_{\max}$——最大水平总波力，kN；

   C_M——惯性力系数，对圆形断面取 2.0，对方形或 $a/b \leqslant 1.5$ 的矩形断面取 2.2；

   A——柱体的断面积，m²；

   H——波高，m；

   γ——水的重度，kN/m³；

   α_P、K_2——各项系数均可通过查表得到。

在这两种规范中，《公路桥涵设计通用规范》给出的是流水阻力，适合陆地河流中的荷载计算，不符合跨海桥梁的受力特点，不建议使用该规范计算跨海桥梁的波浪荷载，而《海港水文规范》中的计算方法具有较高的参考价值，适合跨海桥梁的波浪荷载计算。

8.2.2 改进方法

（1）根据《波浪力作用下四桩平台结构力学性能的有限元分析》，可按下式计算垂直作用在海洋平台上的风荷载标准值：

$$F_X = F_{XI} + F_{XD} = -F_{XI\max} \sin \omega t + F_{XD\max} \cos \omega t |\cos \omega t|$$

$$M_X = M_{XI} + M_{XD} = -M_{XI\max} \sin \omega t + M_{XD\max} \cos \omega t |\cos \omega t|$$

$$F_{XI\max} = C_M \frac{\gamma D^2 H}{8} \mathrm{th}kd$$

$$F_{XD\max} = C_D \frac{\gamma D^2 H}{2} \frac{2kd + \mathrm{sh}2kd}{8\mathrm{sh}2kd}$$

$$M_{XI\max} = C_M \frac{\gamma D^2 H}{8} \frac{1}{\mathrm{ch}kd}(1 + kd\mathrm{sh}kd - \mathrm{ch}kd)$$

$$M_{XD\max} = C_D \frac{\gamma D^2 H}{2} \frac{1}{32\mathrm{sh}2kd}[1 + 2(kd)^2 + 2kd\mathrm{sh}2kd - \mathrm{ch}2kd]$$

式中：$F_{XI\max}$——惯性力极值，kN；

   $F_{XD\max}$——速度力极值，kN；

   $M_{XI\max}$——惯性力弯矩极值，kN·m；

   $M_{XD\max}$——速度力弯矩极值，kN·m；

γ —水的容重，kN/m^3；

C_D —速度力系数；

C_M —惯性力系数；

D —圆柱直径，m；

d —水深，m。

（2）《近海风机基础结构形式研究设计》中关于波浪力的计算：根据《海港水文规范》（JTJ213-98）计算波浪对桩基或墩柱的作用，波浪力采用莫里森公式计算：

$$f = \overrightarrow{f_D} + \overrightarrow{f_I} = C_D \frac{\gamma_W}{2} D\vec{u}|u| + C_M \gamma_W \frac{\pi D^4}{4} \frac{\partial \vec{u}}{\partial \tau}$$

式中：C_D —阻力系数；

C_M —惯性力系数。

波浪水质点的水平方向运动速度 u 根据水深、波长及波高来确定。轻度和稳定性计算时采用设计高潮位对应的设计波浪要素中波列累计频率 1%波高，波浪要素如表 8-2 所示。

表 8-2　波浪要素表

平均波高 H（m）	波周期 T（s）	波长 L（m）	波速 C（m/s）	$H_{1\%}$（m）
2.83	7.76	74.1	9.55	5.81

平台上的波浪荷载在性质上是动力的，但对于设计水深小于 15m 的近海平台，波浪荷载对平台的作用可以用其等效静力来分析，即只计算作用在固定平台上的静设计波浪力，忽略平台的动力响应和由平台引起的入射波浪的变形。

8.3　风荷载

8.3.1　横向风荷载

1.　《公路桥涵设计通用规范》（JTG D60-2004）中有关横桥向风荷载标准值的计算

$$F_{wh} = k_0 k_1 k_3 W_d A_{wh}$$

$$W_d = \frac{\gamma V_d^2}{2g}$$

$$W_d = \frac{\gamma V_{10}^2}{2g}$$

$$V_d = k_2 k_5 V_{10}$$

$$\gamma = 0.012017 e^{-0.0001Z}$$

式中：F_{wh} —横桥向风荷载标准值，kN；

ω_0 —基本风压，kN/m^2；

W_d —设计基本风压，kN/m^2；

V_{10} —基本风速，m/s；

V_d —高度 Z 处设计基准风速，m/s；

Z —距地面或水面的高度，m；

γ —空气重力密度，kN/m³；

k_0 —设计风速重现期换算系数，单孔跨径为特大桥和大桥，k_0=1.0；

k_1 —风载阻力系数；

k_2 —考虑地面粗糙度类别和梯度风的风速高度变化修正系数；

k_3 —地形、地理条件系数，对跨海桥梁 k_3=1.0；

k_5 —阵风风速系数，对跨海桥梁 k_5=1.38。

2. 《公路桥梁抗风设计规范》（JTG/T D60-01-2004）中有关横桥向风荷载标准值的计算

（1）风速沿竖直高度方向的分布可按下述公式计算：

$$V_{Z2} = \left(\frac{Z_2}{Z_1}\right)^{\alpha} V_{Z1}$$

式中：V_{Z2} —地面以上高度 Z_2 处的风速，m/s；

V_{Z1} —地面以上高度 Z_1 处的风速，m/s；

α —地表粗糙度系数，可按表 8-3 取用。

表 8-3　地表分类

地表类别	地表状况	地表粗糙度系数 α	粗糙高度 Z_0（m）
A	海面、海岸、开阔水面、沙漠	0.12	0.01
B	田野、乡村、丛林、平坦开阔地及低层建筑物稀少地区	0.16	0.05
C	树木及低建筑物等密集地区、中高层建筑稀少地区、平缓的丘陵地	0.22	0.3
D	中高层建筑物密集地区、起伏较大的丘陵地	0.30	1.0

（2）桥梁构件基准高度处的设计基准风速可按下述公式计算：

$$V_d = K_1 V_{10} \quad \text{或} \quad V_d = V_{a10}\left(\frac{Z}{10}\right)^{\alpha}$$

式中：V_d —设计基准风速，m/s；

V_{10} —基本风速，m/s；

V_{a10} —桥址处的设计风速，即地面或水面以上平均年最大风速，m/s；开阔平坦地貌条件下，地面以上 10m 高度处，100 年重现期的 10min 平均年最大风速。

Z —构件基准高度，m；

K_1 —风速高度变化修正系数，可按下式计算：$K_{1A} = 1.174\left(\frac{Z}{10}\right)^{0.12}$。

（3）静阵风风速可按下式计算：

$$V_g = G_V V_Z$$

式中：V_g —静阵风风速，m/s；

V_Z —基准高度 Z 处的风速，m/s；

G_V —静阵风系数，可按表 8-4 取值。

表 8-4　静阵风系数

水平加载长度（m） 地表类型	500	650	800	1000	1200	>1500
A	1.21	1.20	1.19	1.18	1.17	1.16

注：1. 成桥状态下，水平加载长度为主桥全长。

　　2. 桥塔自立阶段的静阵风系数按水平加载长度小于 20m 选取。

　　3. 悬臂施工中的桥梁的静阵风系数按水平加载长度为该施工状态已拼装主梁的长度选取。

（4）在横桥向风作用下主梁单位长度上的横向静阵风荷载可按下列公式计算：

$$F_H = \frac{1}{2}\rho V_g^2 C_H H$$

式中：F_H ——作用在主梁单位长度上的静阵风荷载，N/m；

　　　　ρ ——空气密度，kg/m³，取为 1.25；

　　　　H ——主梁投影高度，m，宜计入栏杆或防撞护栏以及其他桥梁附属物的实体高度；

　　　　C_H ——主梁的阻力系数；"工"形、"Π"形或箱形截面主梁的阻力系数 C_H 可按下式计算：

$$C_H = 2.1 - 0.1\left(\frac{B}{H}\right), \quad 1 \leqslant \frac{B}{H} < 8$$

$$C_H = 1.3, \quad 8 \leqslant \frac{B}{H}$$

（5）桥墩、桥塔、吊杆上的风荷载、横桥向风作用下的斜拉桥、斜拉索和悬索桥主缆上的静风荷载可按下式计算：

$$F_H = \frac{1}{2}\rho V_g^2 C_H A_m$$

式中：C_H ——桥梁各构件的阻力系数；

　　　　A_m ——桥梁各构件顺风向投影面积，m²，对吊杆、斜拉索和悬索桥的主缆取为其直径乘以其投影高度。

（6）作用于桥墩或桥塔上的风荷载可按地面或水面以上 0.65 倍墩高或塔高处的风速值确定。

3. 《港口工程技术规范》计算横桥向风荷载

作用于港口建筑物表面上的风荷载 W（kg/m²），可按下式计算：

$$W = KK_S W_0$$

式中：W_0 ——基本风压；

　　　　K_S ——风压高度变化系数；

　　　　K ——建筑物风载体型系数。

4. 《水工建筑物荷载设计规范》（DL5077-1997）横桥向风荷载相关规定

垂直作用于港口建筑物表面上的风荷载 W_k，可按下式计算：

$$W_k = \beta_Z \mu_z \mu_s W_0$$

式中：W_k ——风荷载标准值，kN/m²；

　　　　β_Z ——Z 高度处风振系数；

　　　　μ_z ——风压高度变化系数；

μ_s —风荷载体型系数；

W_0 —基本风压，kN/m^2。

5. 《近海风机基础结构形式研究》中横桥向风荷载计算方法

作用于近海风机表面上的风荷载 W_k（kN/m^2），可按下式计算：

$$W_k = \beta_Z \mu_z \mu_s W_0 D \mu_r (1 + \mu_e)$$

式中：W_k —风荷载标准值，kN/m^2；

　　　β_Z —Z 高度处风振系数；

　　　μ_z —风压高度变化系数；

　　　μ_s —风荷载体型系数；

　　　W_0 —基本风压，kN/m^2；

　　　D —结构物直径，m；

　　　μ_r —风重现期调整系数；

　　　μ_e —风荷载扩大系数。

综合考虑，本节选用《公路桥梁抗风设计规范》（JTG/T D60-01-2004）中有关横桥向风荷载标准值的计算公式作为风荷载公式。

8.3.2 顺桥向风荷载

由于《公路桥梁抗风设计规范》和《公路桥涵设计通用规范》中对于顺桥向风荷载的计算叙述均不完善，其中《公路桥涵设计通用规范》不计梁所受顺桥向风荷载，《公路桥梁抗风设计规范》未对墩柱和索塔的顺桥向风荷载作出明确说明，本节对顺桥向风荷载计算方法进行完善，具体内容如下。

1. 梁所承受的顺桥向风荷载

跨径小于 200m 的桥梁的主梁上顺桥向单位长度的风荷载可按以下两种情况选取：对实体桥梁截面，取其横桥向风荷载的 0.25 倍。对桁架桥梁截面，取其横桥向风荷载的 0.50 倍。

$$F_{顺1} = 0.25 F_横$$

跨径等于或大于 200m 的桥梁，当主梁为非桁架断面时，其顺桥向单位长度上的风荷载可按风和主梁上下表面之间产生的摩擦力计算：

$$F_{fr} = \frac{1}{2} \rho V_g^2 c_f s$$

式中：F_{fr} —摩擦力，N/m；

　　　c_f —摩擦系数，跨海桥梁取 0.01；

　　　s —主梁周长，m。

2. 索塔所承受的顺桥向风荷载

斜拉桥桥塔上的顺桥向风荷载标准值可按横桥向风压乘以迎风面积计算。

$$F_{顺3} = W_d A$$

3. 墩柱所承受的顺桥向风荷载

桥墩上的顺桥向风荷载标准值可按横桥向风压的 70% 乘以桥墩迎风面积计算。

$$F_{顺4} = 0.7 W_d A$$

8.4　冰荷载

8.4.1　国内冰荷载计算方法

1. 《公路桥涵设计通用规范》第 4.3.9 条：冰对桩或墩产生的冰压力标准值可按下式计算

$$F_1 = mC_t btR_{ik}$$

式中：F_1——冰压力标准值，kN；

$\qquad m$——桩或墩迎冰面形状系数；

$\qquad C_t$——冰温系数；

$\qquad b$——桩或墩迎冰面投影宽度，m；

$\qquad t$——计算冰厚，m；

$\qquad R_{ik}$——冰的抗压强度标准值，kPa。

值得注意的是，此公式仅适用于单桩或墩柱等尺度较小的结构物，而对于群桩和大尺度建筑物如承台则不适用，否则会得到非常大的结果，但规范没有给出说明，使用时要注意公式的适用条件。

2. 《水工建筑物荷载设计规范（DL5077—1997）》中有关冰荷载计算的规定

（1）静冰压力。

冰层升温膨胀时，作用于坝面或其他宽长建筑物单位长度上的静冰压力标准值 F_{dk} 可按表 8-5 选用。

表 8-5　静冰压力标准值

冰层厚度（m）	0.4	0.6	0.8	1.0	1.2
静冰压力标准值（kN/m）	85	180	215	245	280

注：1. 冰层厚度取多年平均年最大值。

　　2. 对于小型水库，应将表中静冰压力标准值乘以 0.87 后采用；对于库面开阔的大型平原水库，应乘以 1.25 后采用。

　　3. 表中静冰压力标准值适用于结冰期内水库水位基本不变的情况；结冰期内水库水位变动情况下的静冰压力应作专门研究。

　　4. 静冰压力数值可按表列冰厚内插。

（2）动冰压力。

作用于铅直的坝面或其他宽长建筑物上的动冰压力标准值可按下式计算：

$$F_{bk} = 0.07vd_i\sqrt{Af_{ic}}$$

式中：F_{bk}——冰块撞击建筑物时产生的动冰压力，MN；

$\qquad v$——冰块流速，m/s；

$\qquad A$——冰块面积，m^2；

$\qquad d_i$——流冰厚度，可采用当地最大冰厚的 0.7～0.8 倍，流水初期取最大值；

$\qquad f_{ic}$——冰的抗压强度，MPa，对于水库可采用 0.3MPa；对于河流，流冰初期可采用

$\qquad\qquad$0.45MPa，后期可采用 0.3MPa。

（3）冻胀力。

表面平整的混凝土柱、墩基础，在无竖向位移的条件下，作用于侧表面上的切向冻胀力标准值可按下式计算：

$$F_\tau = \varphi_c \varphi_r \tau_t u Z_d$$

式中：F_τ——切向冻胀力标准值，kN；

φ_c——有效冻深系数；

φ_r——表面粗糙系数，可采用 1.0；

τ_t——单位切向冻胀力标准值，kN/m^2，如表 8-6 所示；

u——冻土层内桩基础水平横截面周长，m；

Z_d——设计冻深，m。

表 8-6　单位切向冻胀力标准值

地表土冻胀量 Δk（mm）	20	50	120	220	>220
τ_t（kN/m^2）	20	40	80	110	111～150

3. 我国固定式海洋平台规范公式（1983）

$$F = ImKDH\sigma_C$$

式中：I——局部挤压系数，取 2.5；

m——形状系数对圆柱，取 0.9；

K——接触系数，取 0.45。

4. 我国海洋局海洋环境保护研究所公式

$$F = ImKDH\sigma_C$$

式中：I——宽厚比（D/H）系数，取 2.5～3.0；

K——接触系数，全部接触时 K=1.0，大部分接触时 K 为 0.6～0.8；

m——结构物形状系数，对方形 m=1.0，圆形 m=0.9。

8.4.2　国外冰荷载计算方法

1. 加拿大灯塔规范公式（1975）

$$F = mDH\sigma_C$$

式中：m——考虑形状、接触条件的综合系数，取 0.4～0.7；

σ_C——冰的单轴抗压强度，取 1.38～1.72MPa。

2. 美国 API PR 2N 规范公式（1984）

$$F = CDH\sigma_C$$

式中：C——综合流冰力影响系数，取决于桥墩的直径 D 和冰厚度 H 之比，及桩柱形状、冰速等，取值为 0.3～0.7；

σ_C——冰的单轴抗压强度，取 1.12～2.81MPa。

3. 日本的设计计算规范（冰海域海岸、海洋建筑物设计规范）

$$F_C = K_b \rho_W g D L^2$$

式中：K_b——屈压系数，长宽比 H/D 小于 40 时不必考虑；

ρ_W——水的密度；

D —建筑物宽度；

L —冰板的特性长，$L^4=EH^3/[12(1-v^2)\rho_W g]$。

以上所有公式都可统一表示为：$F=CF[H,D,p(\sigma_c,h)]$的形式中，C 是综合系数，是考虑地区、挤压、形状、接触条件等综合影响的值，$p(\sigma_c,h)$ 是描述冰压力随冰厚度（H）和冰强度（σ_c）变化的函数。上述公式尽管形式相似其计算结果却相差甚远。

应用国内外的规范分别计算青岛海湾大桥沧口航道桥承台冰荷载，计算参数取值如下：承台宽度 D=17.0m；冰厚 0.25m；冰压强度 2.8MPa；冰的弹性模量为 1GPa；冰的泊松比为 0.27。计算结果如表 8-7 和图 8-1 所示。

表 8-7　国内外的规范计算比较（单位：kN）

《公路桥涵设计通用规范》（2004）	加拿大灯塔规范公式（1975）	美国 API RP 2N 规范公式（1984）	日本的设计计算规范	我国固定式海洋平台规范公式（1983）	我国海洋局海洋环境保护研究所公式（1991）
10710	7140	4760	5950	13387	3570

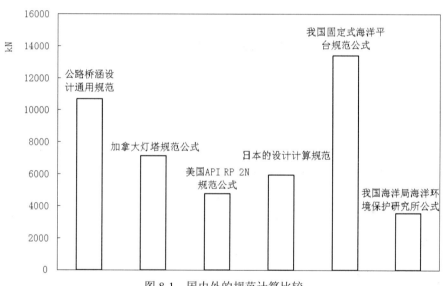

图 8-1　国内外的规范计算比较

8.5　主要结论

（1）针对海洋环境中波浪较大且方向多变，《公路桥涵设计通用规范》中的相关规定已不适应海洋环境，对于跨海桥梁所受波浪荷载，本章采用《海港水文规范》中公式进行计算。

（2）在横桥向风荷载方面，分析总结了多种风荷载计算方法，结合海洋环境，本书将采用《公路桥梁抗风设计规范》中的相关规定；由于现有规范中关于顺桥向风荷载的计算方法均有不足之处，本章提出了较为全面的计算方法。

（3）《公路桥涵设计通用规范》中，关于冰荷载的计算结果偏大，不适合在海中大尺度桥梁基础、桥梁承台较宽的情况下使用。通过对国内外多个计算方法进行实例验算对比，本书将采用美国 API RP 2N 规范公式进行计算。

第9章 海上钢管桩承载特性数值仿真

桥梁桩基大多以承受竖向荷载为主，但在风荷载、波浪荷载、地震荷载或土压力、水压力作用下，也将承受一定的水平荷载，这点在海上桥梁桩基中尤为突出，除了满足桩基的竖向承载力要求外，还必须对桩基的水平承载力进行验算。

桩的水平承载力是指与桩轴方向垂直的承载力。作用在桩基上的水平荷载有长期作用的水平荷载和反复作用的水平荷载（如风荷载、波浪荷载）两种。以承受水平荷载为主的桩基，可考虑采用斜桩。虽然采用斜桩更有利，但常受施工条件的限制而难以实现，不得不采用竖直桩。

群桩基础承载能力高，被广泛应用于高层建筑、大型桥梁等建筑物，但现场测试其承载能力比较困难。鉴于此，国内外许多学者致力于用数值仿真模拟方法来确定群桩的承载能力一变形关系。本章采用大型非线性有限元分析软件 ABAQUS 对青岛海湾大桥临时施工钢管桩基础进行了数值仿真分析。

9.1 数值仿真软件

ABAQUS 被认为是世界上功能最强大的有限元分析软件之一，特别是在非线性分析领域，可以分析复杂的固体力学、结构力学等问题，特别是能驾驭非常庞大复杂的问题和模拟高度非线性问题。ABAQUS 软件在分析桩－土共同作用方面具有以下优势：

（1）ABAQUS 拥有强大的本构模型，能够真实地反映土体的特性。如土体的屈服特性、剪胀特性等。ABAQUS 拥有 Mohr-Coulomb 模型、Druker-Prager 模型、Cam-Clay 模型（修正剑桥模型）等本构模型，可以真实地反映土体的大部分应力、应变特点。其中修正剑桥模型是很多其他通用有限元软件没有提供。另外，ABAQUS 还提供了二次开发接口，用户可以灵活定义材料特性。

（2）土体是典型的三相体，目前普遍认为土体的强度和变形取决于土体的有效应力，因此，分析软件必须能够进行有效应力的计算。ABAQUS 中提供了孔压单元，该单元可以进行饱和土/非饱和土的流体渗透/应力耦合分析（如固结、渗透等），完全可以满足土体的这一要求。

（3）群桩基础涉及群桩与土的相互作用问题，二者间接触特性的正确模拟对分析结果至关重要。ABAQUS 具有强大的接触面处理功能，能正确模拟群桩与土之间的脱开、滑移现象。

（4）群桩基础数值分析需要软件具有处理复杂边界、荷载条件的功能。ABAQUS 具有单元生死功能，可以精确模拟土体的边界条件问题。

综上所述，采用 ABAQUS 分析群桩基础是完全可行的。

9.2 土体本构模型

本文中的土体模型采用基于 Mohr-Coulomb 破坏准则的弹塑性本构模型。Mohr-Coulomb 模型的优点是：它既能反映土体的抗压强度不同的 S-D 效应（Strength Difference Effect）与对静水压力的敏感性，而且简单实用，土体参数 c、φ 可通过各种不同的常规试验测定。

9.2.1　屈服面

Mohr-Coulomb 模型屈服面函数为：

$$F = R_{mc}q - p\tan\varphi - c = 0$$

其中 φ 是 q–p 应力面上 Mohr-Coulomb 屈服面的倾斜角，称为材料的摩擦角，$0° \leqslant \varphi \leqslant 90°$；$c$ 是材料的粘聚力；$R_{mc}(\theta,\varphi)$ 按下式计算，其控制了屈服面在 π 平面的形状。

$$R_{mc} = \frac{1}{\sqrt{3}\cos\varphi}\sin\left(\theta + \frac{\pi}{3}\right) + \frac{1}{3}\cos\left(\theta + \frac{\pi}{3}\right)\tan\varphi$$

Θ 是极偏角，定义为 $\cos(3\theta) = \dfrac{r^3}{q^3}$，$r$ 是第三偏应力不变量 J_3。

图 9-1 给出了 Mohr-Coulomb 屈服面在子午面和 π 平面上的形状，由图可以比较其与 Drucker-Prager 屈服面、Tresca 屈服面、Mises 屈服面之间的相对关系。

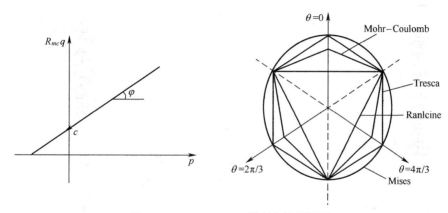

图 9-1　Mohr-Coulomb 模型中的屈服面

9.2.2　塑性势面

由图 9-1 可知，Mohr-Coulomb 屈服面存在尖角，如采用相关联动的流动法则（即塑性势面与屈服面相同），将会在尖角处出现塑性流动方向不是唯一的现象，导致数值计算的繁琐、收敛缓慢。为了避免这些问题，ABAQUS 采用了如下形式的连续光滑的椭圆函数作为塑性势面，其形状如图 9-2 所示。

$$G = \sqrt{\left(\varepsilon c|_0 \tan\psi\right)^2 + \left(R_{mc}q\right)^2} - p\tan\psi$$

式中：ψ 为剪胀角；

　　　　$c|_0$ 为初始黏聚力，即没有塑性应变时的黏聚力；

　　　　ε 为子午面上的偏心率，取 $\varepsilon = 0.1$。

合理选择土体的本构模型是正确解决问题的前提。Mohr-Coulomb 模型不但能反应土体的抗压强度的 S-D 效应与对静水压力的敏感性，而且简单实用，土体参数 c、φ 可以通过各种不同的常规试验测定。因此，在岩土力学和塑性理论中得到广泛应用。

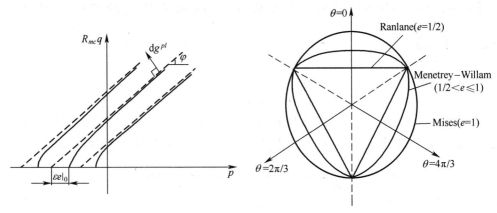

图 9-2　Mohr-Coulomb 模型中的塑性势面

9.3　ABAQUS 钢管桩三维数值仿真计算

9.3.1　数值仿真模型的确定

青岛跨海大桥第 3 合同段，合同总造价 5.95 亿元。跨海大桥在施工中要用到大量施工临时钢管桩基础。根据原施工设计方案，匝道标准段采用 4×5（50m 跨共设置 4 排钢管桩，每排为 5 根）的布置方式。课题组在进行了大量理论计算，对原施工设计方案进行了优化设计，优化设计后匝道标准段采用 4×4（50m 跨共设置 4 排钢管桩，每排为 4 根）的布置方式。为了进一步验证这种优化设计方案的可行性，课题组采用 ABAQUS 有限元分析软件建立了相应的三维数值仿真模型，并进行了数值仿真分析。

9.3.2　模型参数

群桩基础的承载和沉降特性，涉及众多因素，包括群桩的几何参数（如桩间距、桩长、桩数、桩基础宽度与桩长的比值等）、成桩工艺，桩基施工流程，土层分布、类别与性质，荷载大小、荷载持续时间以及承台设置方式（高、低承台）等。课题组从工程实际出发，结合相关资料，从钢管桩的桩径、地基土强度、桩间距等角度对海上施工钢管桩群桩基础的承载和沉降特性进行了数值仿真分析。钢管桩数值仿真模型参数的选取如表 9-1 所示。

表 9-1　钢管桩数值仿真模型参数的选取

桩的设计参数	桩径：630mm、720mm、820mm
	荷载等级：竖向荷载（Q=1600kN～14400kN）；水平荷载（200kN～1000kN）
	桩的横向间距：3.0m、3.5m、4.0m、4.5m
	桩的纵向间距：3.5m、4.5m、6m
	桩数：2×5、2×4
	桩长：28.2m
土体参数	土体模量：10MPa、30MPa、50MPa、70MPa、90MPa

不同桩径的钢管桩单桩承受的风荷载、波浪荷载计算值，如表 9-2 所示。

表 9-2　不同桩径的钢管桩单桩承受的风载荷、波浪荷载计算值

桩径/mm	风荷载/kN	波浪荷载/kN
630	19.52	15.00
720	20.02	17.42
820	20.57	20.17

针对青岛海湾大桥某现浇箱梁施工钢管桩的施工地质资料和受力特性，选取了桩径分别为 $D=630$mm、$D=720$mm、$D=820$mm 的三种桩径的钢管桩进行模拟分析，钢管桩的壁厚均为 8mm，钢管桩总长为 28.2m，入土深度为 13.3m，弹性模量为 211GPa，泊松比为 0.25；海床高程为-4.9m；浪高为 3.01m，波浪波长为 36.12m，波速为 1.01m/s，胶州湾波浪平均周期为 4.6s，海水容重为 10.23kN/m³；钢管桩所在地区的设计基本风速为 32m/s，空气密度为 1.25kg/m³。

根据莫里森方程，当构件的直径 D 与波浪波长 L 比值很小，$D/L\leq0.15$ 时，可以认为波浪场将基本不受桩柱存在的影响而传播，故本章此处将各钢管桩承受的波浪荷载值认为是相同的。

9.3.3　模型建立

海上施工钢管桩同时承受竖向荷载和水平荷载的作用，受力环境较内陆桥梁更加复杂。为了正确模拟海上施工钢管桩的受力环境，课题组采用大型有限元分析软件 ABAQUS，利用该软件强大的非线性功能，建立了水平和竖向荷载作用下的双排钢管桩群桩模型，分析钢管桩群桩基础在竖向和水平向荷载作用下的承载特性。桩周土体定义为服从线性 Mohr-Coulomb 屈服准则的弹塑性体，桩土间接触采用主从接触面；桩土间摩擦系数的选取比较复杂，它与桩侧表面粗糙度有关，当破坏面主要由土的抗剪强度控制时，摩擦系数可能是相当大的。本章中将土体分为桩周土体和桩端土体两部分，分别定义其摩擦系数。桩周土体切向行为采用罚函数定义摩擦，摩擦系数为 0.3，法向采用"硬"接触；桩端土体切向行为定义为无摩擦的接触关系，法向行为仍采用"硬"接触。钢管桩和剪刀撑以及平联部分采用弹性模型。

（1）钢管桩桩体单元类型为 8 节点三维缩减积分单元 C3D8R，采用结构化的网格划分技术。

（2）土体大小取为 $50\times30\times20$，土体长度方向和宽度方向均满足 20 倍桩径的要求，土体厚度为 20m＞1.25×基础埋深=1.25×13.3=16.625，经过计算，该尺寸的土体可以消除土体边界效应的影响。

（3）从桩－土相互作用的角度看，桩－土作用力沿整个结构（桩）表面分布，分布规律未知，且取决于两者的共同作用。因此，为了较好地模拟这种相互作用机理，尽可能加密桩－土接触区域的离散网格，由近到远、由密到疏地过渡，这样既可确保计算精度，又易于收敛，节省运行时间。具体的模型网格划分如图 9-3 至图 9-5 所示。

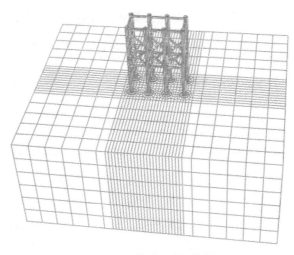

图 9-3　模型三维网格图

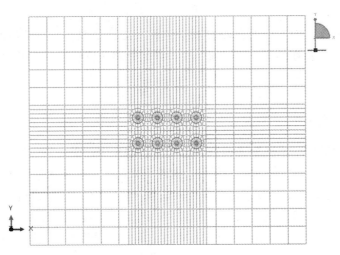

图 9-4　土体模型网格俯视图

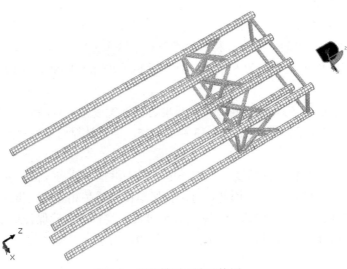

图 9-5　桩体模型三维网格图

9.3.4　地应力平衡

分析过程中首先考虑初始应力场的作用，根据极限莫尔圆可知，不考虑初始应力场会导致结构的极限承载力下降。重力场是外力场，地应力场是内力场，仅有外力，没有内力是不可能的；仅有内力（专指初始应力场）而不受重力也是不可能的。否则，整个体系的力不会平衡。因此，地应力平衡常被作为桩土分析的第一步，目的是建立一个初始应力场和重力场平衡。由图 9-6 和图 9-7 可知，经地应力平衡，土体的沉降稳定在 10^{-4} 数量级，与所划分的单元大小相吻合，可以满足后期钢管桩群桩模型分析的需要。

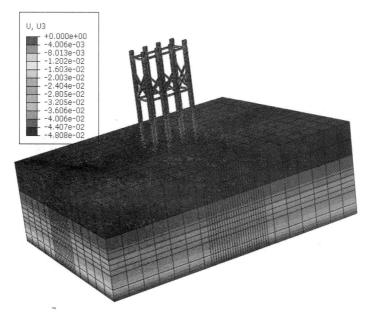

图 9-6　竖向位移云图（自重情况下）

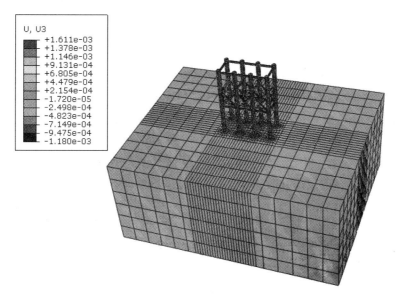

图 9-7　竖向位移云图（平衡后）

9.4 ABAQUS 模型仿真结果分析

9.4.1 钢管桩群桩基础竖向位移分析

1. 钢管桩群桩基础各单桩的沉降量分析

图 9-8 所示为桩径 630mm 和桩径 720mm 钢管桩群桩基础在 19200kN 竖向荷载作用下的沉降云图。可以看出，双排钢管桩群桩基础在竖向荷载的作用下，具有明显的对称性，中间四根钢管桩的沉降量相同，边上四根钢管桩的沉降量相同且沉降量较中间桩大，但边桩和中桩沉降量差别不大，在一定的误差范围内，可以认为钢管桩群桩基础中各单桩的沉降量相同。

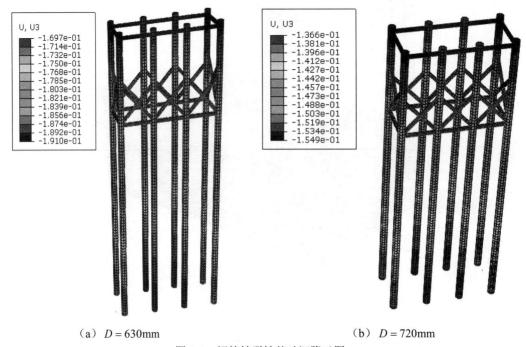

(a) $D=630$mm   (b) $D=720$mm

图 9-8   钢管桩群桩基础沉降云图

2. 桩径对钢管桩群桩基础竖向位移的影响

图 9-9 所示为不同桩径钢管桩群桩基础的 P-S 曲线图。由图可以看出，不同土体模量下，钢管桩群桩基础的 P-S 曲线为一缓变曲线，整体沉降量都随着钢管桩桩径的增加而增大。当钢管桩的沉降量较小（＜10mm）时，不同桩径的钢管桩群桩基础的 P-S 曲线基本一致，沉降量与荷载的关系表现为线性性质；当沉降量进一步增大（≥10mm），桩径对钢管桩群桩基础整体沉降量的影响得到有效发挥。这主要是由于当沉降量较小时，桩侧摩阻力没有得到有效发挥，当沉降量继续增大，桩侧摩阻力逐步得到发挥，而侧摩阻力与钢管桩与桩周土的接触面积有关，桩径越大，极限侧摩阻力越大，对竖向荷载的消减越明显。可见，当竖向荷载较大时，增大钢管桩的桩径，可有效增大钢管桩群桩基础的极限承载能力。

3. 桩的长径比对钢管桩竖向承载力的影响

图 9-10 所示为不同长径比钢管桩群桩基础的 Q-S 曲线，可以看出，当竖向荷载较小时，Q-S 曲线呈直线变化，曲线斜率较小，当荷载继续增大，曲线斜率增大，且增加趋势明显；长

径比 *L/D*=34.4 的钢管桩曲线位于 Q-S 曲线的最上方，长径比 *L/D*=44.7 的钢管桩曲线位于 Q-S 曲线的最下方，同时由图 9-11 可以看出，当荷载较小时，长径比对钢管桩竖向承载力的影响较小，当荷载达到 4800kN 时，长径比对钢管桩承载力的影响变得十分明显，长径比由 34.4 增加到 44.7 时，竖向位移增加较大，说明较大的长径比会降低钢管桩群桩基础的竖向承载力，在进行钢管桩的选择时，要综合考虑桩长和桩径的影响，选择最佳的长径比。

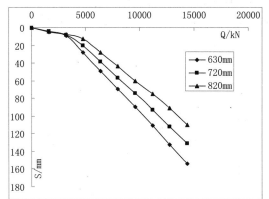

（a）土体模量为 30MPa

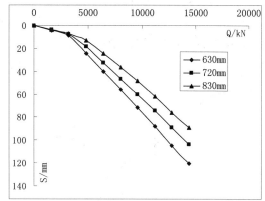

（b）土体模量为 40MPa

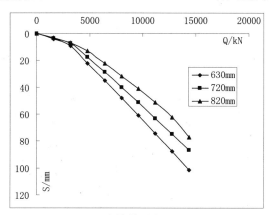

（c）土体模量为 50MPa

图 9-9　不同桩径钢管桩群桩基础的 P-S 曲线

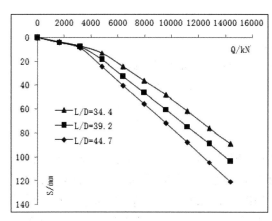

图 9-10　不同长径比钢管桩群桩基础的 P-S 曲线

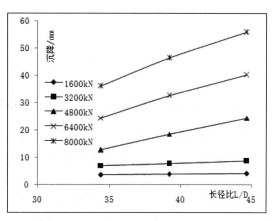

图 9-11　钢管桩的沉降与长径比的关系曲线

4. 桩端土体模量对钢管桩竖向承载力的影响

图 9-12 所示为桩端土体模量对钢管桩群桩基础桩顶 P-S 曲线的影响。可以看出，钢管桩群桩基础的承载能力随着桩端土体模量的增大而逐渐增大。当桩顶沉降较小（＜20mm）时，桩端土体模量对钢管桩群桩基础的桩顶竖向位移影响较小，P-S 曲线呈线性关系；随着桩顶沉降的增大，桩端土体模量对钢管桩桩顶沉降的影响程度逐渐增大，桩端土体模量为 60MPa 的钢管桩群桩基础的 P-S 曲线位于最上方，说明不同土体模量的钢管桩群桩基础的整体沉降量是不一样的，桩端土体模量越大，钢管桩群桩基础的整体沉降越小，且荷载越大，桩端土体模量对钢管桩群桩基础的整体沉降影响越明显。

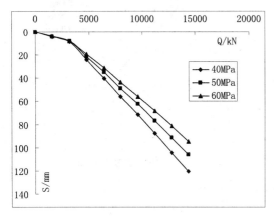

（a）$D = 630$mm

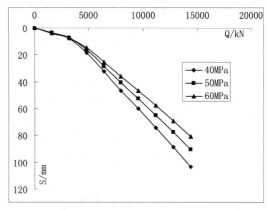

（b）$D = 720$mm

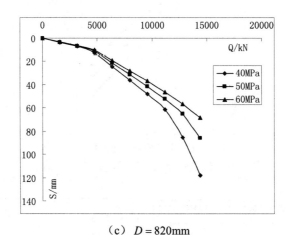

（c）$D = 820$mm

图 9-12 桩端土体模量对钢管桩群桩基础桩顶 P-S 曲线的影响

9.4.2 钢管桩群桩基础水平承载特性分析

1. 土体模量对钢管桩水平位移的影响

图 9-13 所示为竖向工作荷载作用下，不同土体模量钢管桩群桩基础的桩顶水平位移随水平荷载的变化曲线。由图可知，钢管桩群桩基础的桩顶水平位移随着水平荷载的增大而增大，水平 P-S 曲线呈线性关系。当土体模量较小（10MPa～30MPa）时，钢管桩水平 P-S 曲线斜率较大，但随着土体模量继续增大，这种趋势已不明显。所以，钢管桩群桩基础的水平承载能力

并不是随着土体模量的增大而不断增大，当土体模量超过一定值后，土体模量对钢管桩群桩基础水平承载能力的影响已不明显，这一点对施工有着很好的指导意义。

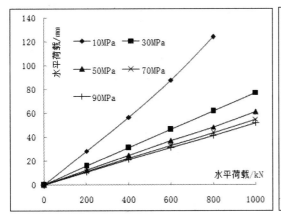

（a）横向间距=2.5m

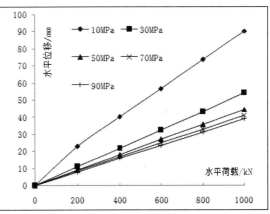

（b）横向间距=3.5m

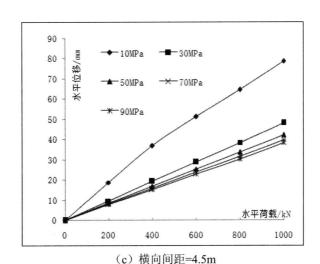

（c）横向间距=4.5m

图 9-13　不同土体模量钢管桩水平 P-S 曲线

图 9-14 所示为风浪荷载作用下，不同土体模量钢管桩不同高度处的水平位移曲线图。可以看出，在风浪荷载作用下，随着桩周土体模量的增加，钢管桩的水平位移逐渐减小，且随着土体模量的增加，钢管桩水平位移变化量呈减小趋势；当土体模量不同时，钢管桩的水平位移零点主要集中在 3～6m 范围内，且随着土体模量的增大，水平位移零点的位置逐渐上移，同时在 10m 深度处钢管桩出现了负位移，但总体而言，钢管桩桩端的负位移很小，最大负位移在 3mm 左右。

2. 桩径对钢管桩水平位移的影响

图 9-15 所示为不同桩径钢管桩的桩顶水平位移随土体模量变化的关系曲线，由图可知，随着钢管桩桩径的增大，钢管桩的桩顶水平位移逐渐减小，桩径为 630mm 的钢管桩群桩基础的桩顶水平位移最大，同一土体模量下 720mm 钢管桩次之，820mm 钢管桩最小，这主要是由钢管桩的刚度决定的。不同桩径钢管桩的桩顶水平位移均随着土体模量的增大而减小，当土体模量由 10MPa 增加到 30MPa 时，曲线较陡，钢管桩桩顶水平位移减小十分明显，但当土体模

量继续增大，曲线逐渐变缓，土体模量对钢管桩桩顶水平位移的影响相对减小，土体模量对钢管桩水平位移的影响主要是在土体模量较小的情况。

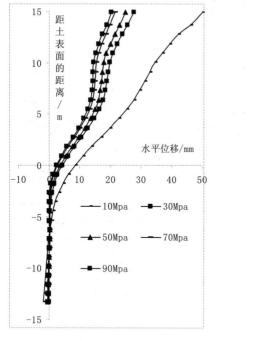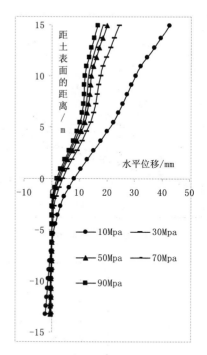

（a）$D=720mm$　　　　　　　　　　（b）$D=820mm$

图 9-14　风浪荷载作用下不同土体模量钢管桩不同高度处的水平位移曲线

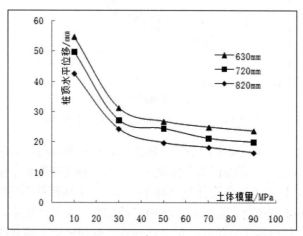

图 9-15　不同桩径钢管桩桩顶水平位移与土体模量关系曲线

　　图 9-16 所示为在竖向荷载和风、浪荷载作用下，不同桩径钢管桩的水平位移与桩长的关系曲线。可以看出，钢管桩的水平位移随桩长的关系曲线在土体表面即开始分叉，在距土体表面 5m 处就已很明显。由此可见，钢管桩桩径对水平位移的影响主要集中在土体上部的钢管桩桩长范围内；直径为 820mm 的钢管桩的曲线较陡，水平位移增加较缓；直径为 630mm 的钢管桩曲线较缓，水平位移增加较快。不同土体模量下的钢管桩水平位移随着钢管桩距土表面距离的增大而逐渐增大，但在 5～10m 范围内，钢管桩水平位移增加的趋势有所减缓，这主要是

由于剪刀撑的存在，在一定程度上提高了钢管桩群桩基础的刚度；不同桩径钢管桩基础的水平位移零点基本位于深度 5m 位置处，在深度 5m 以下钢管桩的水平位移基本都为负位移，负位移在 1mm 左右。

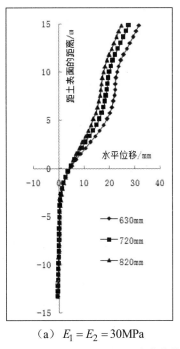
（a）$E_1 = E_2 = 30\text{MPa}$

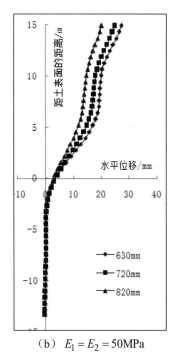
（b）$E_1 = E_2 = 50\text{MPa}$

图 9-16　风、浪荷载作用下不同桩径钢管桩水平位移变化曲线

3.　钢管桩横向间距对钢管桩水平位移的影响

图 9-17 所示为不同钢管桩横向间距群桩基础的水平 P-S 曲线，由图可知，不同钢管桩横向间距群桩基础的水平 P-S 曲线呈线性变化，当桩间距较小（2.5m～3.5m）时，钢管桩群桩基础的水平承载能力受桩的横向间距的影响明显，但当间距继续增大（3.5m～4.5m），钢管桩横向间距对钢管桩群桩基础水平承载能力的影响较小，因此，从施工经济性的角度和安全性的角度，钢管桩的纵向间距不能过大，否则会造成浪费。

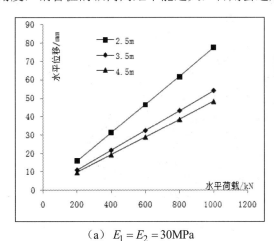
（a）$E_1 = E_2 = 30\text{MPa}$

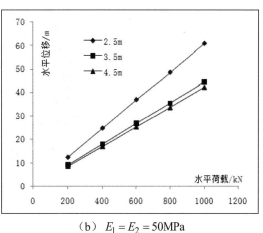
（b）$E_1 = E_2 = 50\text{MPa}$

图 9-17　不同钢管桩横向间距群桩基础的水平 P-S 曲线

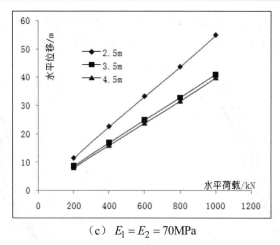

（c）$E_1 = E_2 = 70MPa$

图 9-17　不同钢管桩横向间距群桩基础的水平 P-S 曲线（续图）

9.4.3　钢管桩群桩基础剪刀撑和横梁应力分析

图 9-18 所示为不同钢管桩桩径和不同土体模量下,钢管桩群桩基础剪刀撑和横梁的 Mises 应力云图。由图可以看出，横梁的最大应力位置主要集中在下横梁的远荷载作用端，桩径为 630mm 的钢管桩在土体模量为 50MPa 时，下横梁最大应力为 24.45MPa；桩径为 720mm 的钢管桩在土体模量为 50MPa 时，下横梁最大应力为 23.44MPa；桩径为 820mm 的钢管桩在土体模量为 50MPa 时，下横梁最大应力为 20.93MPa；由图 9-18 可知，桩径为 820mm 的钢管桩承受的风荷载和波浪荷载较之桩径为 720mm，630mm 的钢管桩都大，但下横梁的应力却最小，由此可知，采用较大直径钢管桩时，对横梁的要求相对较小。

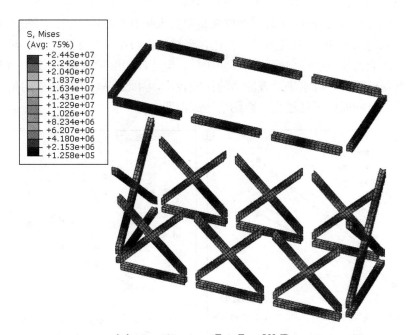

（a）$D = 630mm$，$E_1 = E_2 = 50MPa$

图 9-18　钢管桩群桩基础剪刀撑和横梁 Mises 应力云图

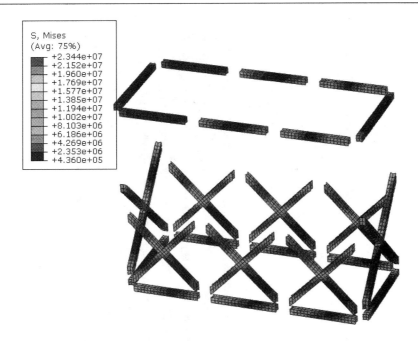

（b）$D = 720\text{mm}$，$E_1 = E_2 = 50\text{MPa}$

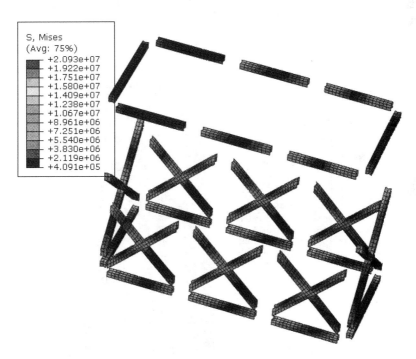

（c）$D = 820\text{mm}$，$E_1 = E_2 = 50\text{MPa}$

图 9-18　钢管桩群桩基础剪刀撑和横梁 Mises 应力云图（续图）

　　图 9-19 所示为不同桩径钢管桩群桩基础的 Mises 应力云图。可以看出钢管桩群桩基础在竖向工作荷载和风荷载、波浪荷载等水平荷载作用下，钢管桩的最不利位置位于下横梁的下部以及土表面以下部分。

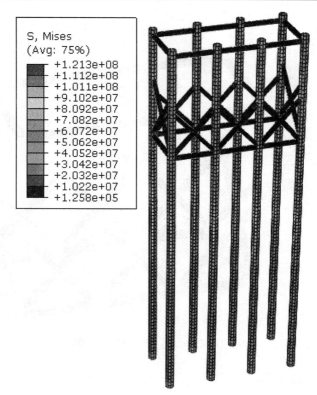

（a）$D = 630\text{mm}$，$E_1 = E_2 = 50\text{MPa}$

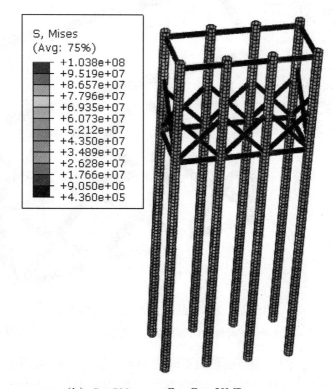

（b）$D = 720\text{mm}$，$E_1 = E_2 = 50\text{MPa}$

图 9-19　不同桩径钢管桩群桩基础 Mises 应力云图

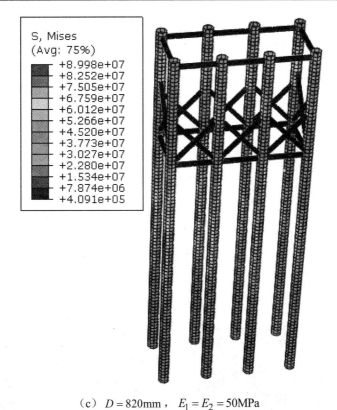

（c）$D = 820\text{mm}$，$E_1 = E_2 = 50\text{MPa}$

图 9-19　不同桩径钢管桩群桩基础 Mises 应力云图（续图）

9.4.4　深水区钢管桩基础水平承载特性分析

在进行海上桥梁施工时，桥梁往往会经过一定的深水区，在进行临时钢管桩的施工时，势必会增加钢管桩的长度，此时，钢管桩可等效为细长的杆件，在风、浪等水平荷载作用下，钢管桩群桩基础主要发生自身的弯曲变形。但此时的钢管桩基础往往由于水平位移较大，而不能满足施工的需要。

针对深水区施工临时钢管桩基础的特点，课题组提出了改进方案：在钢管桩打设前，预先根据钢管桩承载力计算，确定出钢管桩的入土深度。在钢管桩靠近土表面上部焊接一个带孔的耳片，预先将长斜撑通过螺栓铰接到耳片上，同时，将长斜撑的上部在同一根钢管桩上做简单固定，待钢管桩打设完成后，将钢管桩上部槽钢拆下焊接在相邻钢管桩上部的相应位置，以起到加强钢管桩横向刚度的目的，提高基础的横向稳定性。具体的施工流程如图 9-20 所示。

为了验证这种结构的合理性，课题组建立了深水区钢管桩 8 桩群桩基础的数值计算模型。钢管桩长度 40m，桩径 820mm，钢管桩所在地区海水水深 15m，钢管桩基础埋深 15.2m，土体上部钢管桩长度高达 25m。图 9-21 所示为在 400kN 水平荷载作用下钢管桩群桩基础的应力云图。可以看出，在 400kN 的水平荷载作用下，不加长斜撑的钢管桩群桩基础的桩顶最大位移为 32.7cm，施加单一长斜撑钢管桩基础的桩顶最大位移为 8.9cm，较之不加长斜撑减小桩顶位移 72.8%，长斜撑的增加对减小桩顶位移的效果十分明显。

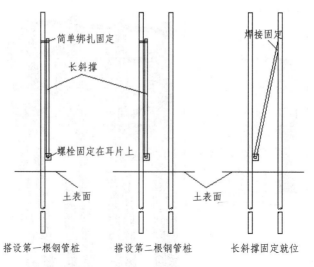

图 9-20　深水区钢管桩施工流程图

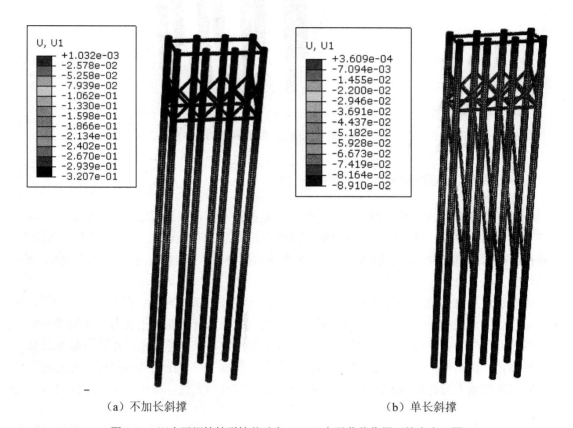

图 9-21　深水区钢管桩群桩基础在 400kN 水平荷载作用下的应力云图

　　图 9-22 所示为不同土体模量时,钢管桩斜撑数对钢管桩水平承载力的影响曲线。"no"表示没有斜撑,"one"表示单个斜撑,"two"表示双斜撑。可以看出,当没有斜撑时,钢管桩的桩顶水平位移随水平荷载的变化为直线变化,添加斜撑后,钢管桩的水平承载能力显著增强,钢管桩群桩基础在实际工作中承受的水平荷载在 200kN 左右,此时,长度为 40m,埋深为 15.2m 的钢管桩群桩基础,在单斜撑时的水平位移在 3cm 左右,可以满足实际施工的需要。

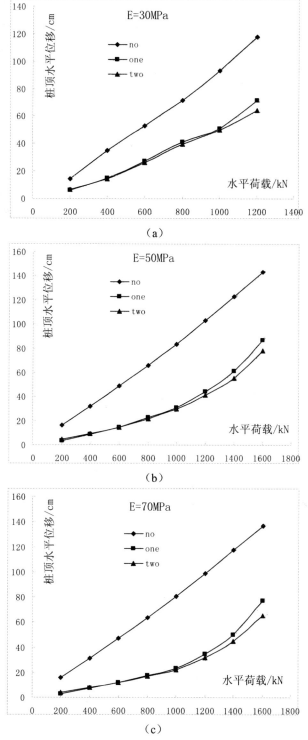

（a）

（b）

（c）

图 9-22 不同土体模量下斜撑数对钢管桩水平承载力的影响

图 9-23 所示为桩径 820mm 的单斜撑钢管桩桩身位移变化曲线,可以看出钢管桩基础不同高度处的水平位移,在土体上 0～5m 范围内为曲线变化,在 5～31.7m 范围内近似为直线变化,土体部分钢管桩的位移曲线比较接近。

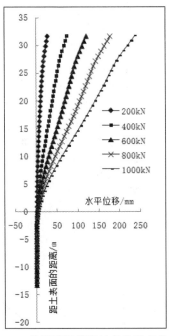

图 9-23　单斜撑钢管桩桩身位移变化曲线

　　图 9-24 所示为深水区钢管桩群桩基础在 200kN 水平荷载作用下的应力云图，可以看出，在 200kN 水平荷载作用下，没有加长斜撑的钢管桩群桩基础，最大应力主要集中在下横梁下方的一段区域，加长斜撑的钢管桩群桩基础，在 200kN 水平荷载作用下，应力分布变化明显。

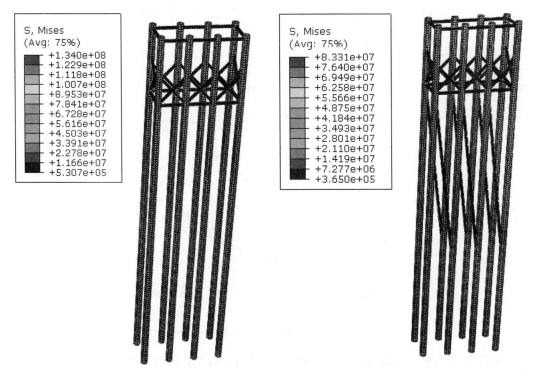

（a）不加长斜撑　　　　　　　　　　　　　（b）单长斜撑

图 9-24　深水区钢管桩群桩基础在 200kN 水平荷载作用下的应力云图

9.5　主要结论

（1）双排钢管桩群桩基础在竖向荷载的作用下，具有明显的对称性，中间四根钢管桩的沉降量相同，边上四根钢管桩的沉降量相同且沉降量较中间桩大，但边桩和中桩沉降量差别不大，在一定的误差范围内，可以认为钢管桩群桩基础中各单桩的沉降量相同。

（2）当钢管桩的沉降量较小（＜10mm）时，不同桩径的钢管桩群桩基础的 P-S 曲线基本一致，沉降量与荷载的关系表现为线性性质；当沉降量进一步增大（≥10mm），桩径对钢管桩群桩基础整体沉降量的影响得到有效发挥。

（3）不同土体模量的钢管桩群桩基础的整体沉降量是不一样的，桩端土体模量越大，钢管桩群桩基础的整体沉降越小，且荷载越大，桩端土体模量对钢管桩群桩基础的整体沉降影响越明显。

（4）在风浪荷载作用下，钢管桩桩端出现了负位移，最大负位移在 2mm 左右。当土体模量较小时，钢管桩桩身的水平位移较大，桩径为 720mm 的钢管桩基础桩顶最大位移为 52mm 左右，桩径为 820mm 的钢管桩基础桩顶最大位移为 43mm 左右。

（5）不同桩径钢管桩的桩顶水平位移均随着土体模量的增大而减小，当土体模量由 10MPa 增加到 30MPa 时，曲线较陡，钢管桩桩顶水平位移减小十分明显，但当土体模量继续增大，曲线逐渐变缓，土体模量对钢管桩桩顶水平位移的影响相对减小。

（6）不同钢管桩横向间距群桩基础的水平 P-S 曲线呈线性变化，当桩间距较小（2.5～3.5m）时，钢管桩群桩基础的水平承载能力受桩的横向间距的影响明显，但当间距继续增大（3.5～4.5m），钢管桩横向间距对钢管桩群桩基础水平承载能力的影响较小，因此，从施工经济性的角度和安全性的角度，钢管桩的纵向间距不能过大，否则会造成浪费。

（7）临时施工钢管桩基础在水平荷载作用下的水平最大应力主要集中在横梁部分，其中横梁的最大应力位置位于下横梁的远荷载作用端；在竖向工作荷载和风荷载、波浪荷载等水平荷载作用下，钢管桩的最不利位置位于下横梁的下部以及土表面以下部分。

第 10 章　海上钢管桩模型试验研究

10.1　试验目的

桥梁工程作为土木工程的重要组成部分，是国家基础设施建设的重要内容。桥梁施工过程中，由于临时结构设计施工不当造成的桥梁事故占较大比例，不仅直接影响工程进度，造成经济损失，同时也带来不良的社会影响。

海上桥梁施工临时钢管桩是海上桥梁工程项目施工过程中的重要结构，但对施工临时钢管桩的结构设计，还没引起足够的重视，且由于受建设项目工期、成本和设计时间等因素的制约，临时施工钢管桩结构大多由施工企业自行设计。海上临时施工钢管桩的使用功能和使用特点有其特殊性：海上施工钢管桩基础要承受较大的风、浪、流等水平荷载，这就对设计者提出了更高的要求。因此，开展海上桥梁施工钢管桩承载特性的研究就显得十分必要。如何有效地进行钢管桩的承载能力设计，关系到海上桥梁的施工安全、施工进度和施工建设成本。

目前，关于桥梁桩基的承载能力研究的技术手段主要有现场试验、模型试验和数值仿真分析。现场试验能够更真实的反映实际环境，是确定桩基承载能力的最有效的技术手段，但由于荷载、试验水平以及现场试验条件的限制，桥梁桩基现场试验多是针对单桩，而对海上钢管桩群桩基础的现场试验来说还鲜见报道。当前对于群桩基础的研究还依然停留在模型试验的水平。

模型试验是一种重要而有效的方法。与现场原型试验相比，模型试验的参数容易控制，模型试验的尺寸往往较小，因此资金、时间耗费较小。同时，模型试验可作为校核现场试验所得结果的依据，为桩基理论研究提供试验资料，进而为桩基工程设计提供了重要参考。模型试验的特点是所需的工作量及费用比现场实体结构试验低得多，而且在模型上可通过改变设计参数进行不同的模型对比试验。与计算机仿真技术相比，模型试验不受简化假定的影响，能更实际的反映结构的各种物理现象、规律和量值。

海上桥梁临时施工钢管桩多设计成组合排桩或者群桩的形式，海上桥梁现浇箱梁临时施工钢管桩基础具有特殊的工程环境，对于复杂水平荷载作用下的钢管桩基础，其群桩荷载传递机理、群桩效应、桩后土抗力以及往复水平动荷载对桩的工程性状的影响如何，都有待于研究。为此，课题组设计了 1:10 模型试验，对现浇箱梁施工钢管桩的承载特性进行了分析。

10.2　相似判据的确定

桩基模型试验的原理是将土体与桩基按照一定的模型率缩小 n 倍，将土分层填筑，在规定高度置入桩，分层填土压实后，模拟现场固结情况，然后将桩分级下压，以模拟尺寸放大 n 倍后的桩体在现场分级加载的过程。

模型的相似条件，一般可通过控制方程或量纲分析的方法来推导。利用荷载传递法，其基本方程为：

$$EA\frac{\mathrm{d}^2U}{\mathrm{d}x^2} - KU = 0 \qquad (10-1)$$

式中 E，A 分别为桩的弹性模量和横截面积；U 为桩体截面位移；K 为桩侧土等效抗剪刚度或桩端土等效抗压刚度。

由式（10-1）推导模型相似率

$$\frac{K_p}{K_m} = \frac{E_p}{E_m} \tag{10-2}$$

由式（10-2）可以看出，应该确保模型桩的弹性模量与原型桩的相同，而且模型中的 K 需与原型中的 K 也相同。由 K 的定义可知该值与土层性质、桩的几何形状、成桩工艺等因素有关，这就要求模型中桩周土和桩端土的弹性模量、剪切模量及泊松比需与原型中的相同。

10.2.1　相似判据的推导

因试验要求做到破坏阶段，以求得破坏时的安全度及破坏的形式，所以按纵横弯曲考虑为非线性问题。另外考虑自重所产生的应力，引入材料容重 γ，于是应力和位移的表达式分别为：

$$\sigma = f(F, q, \gamma, l, E, \mu) \tag{10-3}$$

$$u = f(F, q, \gamma, l, E, \mu) \tag{10-4}$$

先对式（10-3）采用指数法，写出量纲关系式

$$[\sigma] = [F^a, q^b, \gamma^c, l^d, E^e, \mu^f] \tag{10-5}$$

把各量的量纲带入上式，则有

$$[FL^{-2}] = [F^a (FL^{-1})^b (FL^{-3})^c L^d (FL^{-2})^e (F^0 L^0 T^0)^f (F^0 L^0 T^0)^g] = [F^{(a+b+c+e)} L^{(d-b-3c-2e)}]$$

比较指数得

$$\left.\begin{array}{l} a + b + c + e = 1 \\ d - b - 3c - 2e = -2 \end{array}\right\} \tag{10-6}$$

求得

$$\left.\begin{array}{l} a = 1 - (b + c + e) \\ d = b + 3c + 2e - 2 \end{array}\right\} \tag{10-7}$$

将式（10-7）代入式（10-5）得

$$[\sigma] = [F^{(1-b-c-e)}, q^b, \gamma^c, l^{(b+3c+2e-2)}, E^e, \mu^f] = \left[Fl^{-2} \cdot \left(\frac{ql}{F}\right)^b \cdot \left(\frac{\gamma l^3}{F}\right)^c \cdot \left(\frac{El^2}{F}\right)^e \cdot \mu^f \right]$$

即

$$\left[\frac{\sigma l^2}{F}\right] = \left[\left(\frac{ql}{F}\right)^b \cdot \left(\frac{\gamma l^3}{F}\right)^c \cdot \left(\frac{El^2}{F}\right)^e \cdot \mu^f \right]$$

写成判据方程为：

$$\frac{\sigma l^2}{F} = \varphi\left(\frac{ql}{F}, \frac{\gamma l^3}{F}, \frac{El^2}{F}, \mu\right) \tag{10-8}$$

则有相似判据：

$$\pi_1 = \mu, \quad \pi_2 = \frac{El^2}{F}, \quad \pi_3 = \frac{\gamma l^3}{F}, \quad \pi_4 = \frac{ql}{F}, \quad \pi_5 = \frac{\sigma l^2}{F} \tag{10-9}$$

同理，对式（10-4）量纲分析可写出判据方程

$$\frac{\mu El}{F} = \varphi\left(\frac{ql}{F}, \frac{\gamma l^3}{F}, \frac{El^2}{F}, \mu\right)$$

并得相似判据

$$\pi_6 = \frac{\mu El}{F} \qquad\qquad (10\text{-}10)$$

可以看出 π_1，π_2，π_3，π_4 都是由单值量构成的判据，为单值量判据，也称决定判据；而 π_5，π_6 为待决定判据。

根据模型制作能力、加载设备条件等，采用缩尺比例为 1/10 的几何相似模型。并考虑到用相同材料比较容易满足相似条件，所以采用与原型材料相同的钢管做模型材料。并使模型的支承条件与原型相似。

亦即

$$C_l = 10, C_E = 1, C_\mu = 1$$

为了使模型与原型保持相似，必须使单值量判据相等。

由 π_1 得，$\mu_m = \mu_p$，即模型材料的泊松比与原型相同。

由 π_2 得，$C_F = C_E C_l^2$，即模型上加的集中力为原型的 1/100。

由 π_3 得，$C_\gamma = C_E \cdot \dfrac{1}{C_l} = \dfrac{1}{10}$，即模型材料的容重为原型的 10 倍。

由 π_4 得，$C_q = C_E C_l = 10$，即模型上加的线载荷为原型的 1/10。

以上是由满足单值量判据相等，求得各单值量的相似常数。模型上各单值量必须按所求得的相似常数予以满足。显然，当采用相同材料制作模型时，判据 π_4 满足不了。因为在研究的问题中，如果由自重引起的应力、位移是主要的，则必须采用容重较大的材料或弹模值较小的材料来制作模型，但一般不易做到；其次就是采用其他措施模拟重力。而在本问题中，由于自重引起的应力和位移并不是主要的，所以可放松（缓和）此要求，而将容重的不足量以外力的形式附加到模型上去，只需使控制截面产生应力的等效即可。

满足了上述条件，可认为模型与原型相似。再根据相似理论，待决定判据亦应相等。

由 π_5，可求得，$C_\sigma = C_E = 1$

由 π_6，可求得，$C_u = C_l = 10$

也就是说，原型的应力和模型试验量测得的应力相等，原型的位移为模型位移的 10 倍。

1. 失稳时的相似判据

将本问题的半柔半刚钢管桩当作细长杆，其临界力 N 为

$$N = K \frac{EI}{l^2} \qquad\qquad (10\text{-}11)$$

其中 K 为支端条件系数。

于是可得

$$\pi_7 = \frac{Nl^2}{KEI} \qquad\qquad (10\text{-}12)$$

由 π_7 可得

$$C_N = C_E C_l^2 = 100$$

亦即当模型为失稳破坏时，原型的临界荷载为模型的 100 倍。

2. 破坏试验设计

因为本问题希望试验做到破坏，以确定原型结构的破坏安全度，所以必须使模型材料的破坏强度 $\bar{\sigma}$ 满足 $C_{\bar{\sigma}} = C_{\sigma} = 1$，即模型的破坏强度和原型的破坏强度相等 $\overline{\sigma_m} = \overline{\sigma_p}$，这可采用相同材料的钢管桩即可予以满足。

10.2.2　模型设计

1. 试验装置

试验由组合式模型箱、MTS 加载系统和数据采集系统三部分组成。模型箱采用独有知识产权的可拆卸的组合式模型箱（专利号：ZL 2012 2 0527366.0），模型箱有效地形成了内部为盛放地基材料空腔的箱体，实现了箱体体积的自由缩放，便于模拟出与真实地基相对应的多种比例的场景，能真实、有效地得出准确的实验数据，模型箱由单片钢板组成，片与片间采用螺栓连接，本次试验的模型箱的尺寸为 2000mm×3000mm×1500mm。

2. 材料选取

群桩模型制作有相当难度，这有两个基本条件：一是模型材料和结构的相似性；二是测试元件及导线在试验中稳定性好，且对模型干扰小。

模型桩：选用弹性模量均匀、易测量且强度高的钢管来制作模型桩，金属管的内外径有尺寸的要求，应该满足外径和壁厚的相似要求，从而满足变形模量相似。钢管外径满足 10:1 比例要求，管壁厚度 25mm，不满足壁厚的相似要求，由于钢管桩自身压缩变形和挠曲变形较小，壁厚的不相似对结果的影响较小。

为消除震动加载及地下水等对应变片的影响，试验中把测试元件用尼龙布和环氧树脂缠绕保护。

10.2.3　试验方案

模型试验主要分 5 组进行：①MTS 水平往复荷载作用下的双排群桩模型试验；②MTS 水平往复荷载作用下的单桩模型试验；③MTS 竖向静压荷载作用下的单桩试验；④MTS 单桩竖向震动荷载；⑤MTS 单桩竖向拉拔试验。钢管桩模型试验方案如表 10-1 所示。

表 10-1　钢管桩模型试验方案

试验参数 工况号	加载方式	桩长 （mm）	桩数及 类型	桩径 （mm）	试验目的
①	MTS 水平 往复荷载	2900	双排群桩 每排 4 根	82	复杂水平荷载作用下，双排海上钢管桩群桩受力特性
②	MTS 水平 往复荷载	2900	单桩	82	复杂水平荷载作用下，海上钢管桩单桩受力特性
③	MTS 竖向 静压荷载	2000	单桩	82	竖向荷载作用下，海上钢管桩单桩受力特性
④	MTS 竖向 震动荷载	2000	单桩	82	海上钢管桩单桩震动下沉受力特性
⑤	MTS 竖向 拉拔	2000	单桩	82	海上钢管桩单桩拉拔力特性

如图 10-1 至图 10-4 所示分别为横向加载试验与竖向加载试验的设计图和安装图。

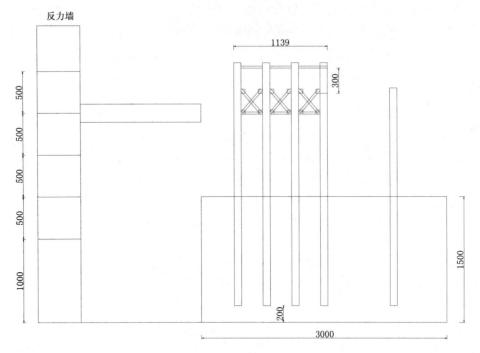

图 10-1　横向加载试验设计图

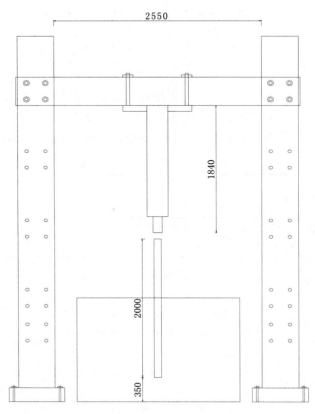

图 10-2　竖向加载试验设计图

图 10-3　横向加载试验安装图

图 10-4　竖向加载试验安装图

10.2.4　变形监测方案

1. 测量技术的比较分析及测量方案的确定

目前，许多测量仪器已被应用于变形监测中，并且相应的监测技术和方法正在从传统的单一监测模式向点、线、面立体交叉的空间模式发展。

（1）千分表监测技术。

该方法测量精度可达到千分之一毫米级，完全满足变形监测的需要，已成为目前变形监测中应用比较广泛的一种测量手段。其特点为简单、易行、成本低，数据处理简单，适合常规化监测。

（2）三维激光扫描技术。

三维激光扫描技术是一种快速的数据获取方法，可以在短时间内对监测范围内的数百万三维点进行精确采样。该技术是一种新兴的测绘技术，是测绘领域继 GPS 技术之后出现的又一次技术革命，并开始应用到需要采集空间数据的各个行业中。相对于传统的测量技术，三维激光扫描仪具有无需预先埋设监测设备、无接触测量、监测速度快、测量精度高、能够获得监测体结构的变形趋势等特点，更可以快速获取高密度、高精度的三维点云数据，该数据可以由方格网或者三角网进行快速建模，并且可以探测到监测体局部细节的变形，对正确的变形分析有着重要的作用。

综上所述，为了全面、准确地获取试验中单桩和群桩在不同荷载作用下的变形情况，结合试验桩的变形特点和不同监测方法的优缺点，采用千分表监测和三维激光扫描监测相结合的方式，对试验桩的变形情况进行监测。如图 10-5 所示为单桩监测点布置图。

图 10-5　单桩监测点布置图

2. 三维激光扫描测量法

试验中采用了 FARO 公司的 FOCUS³ᴰ 三维激光扫描仪，该仪器扫描距离为 0.6～120m，扫描范围为 305°（垂直）×360°（水平），扫描频率 976,000 点/秒，系统距离误差为±2mm。试验中为了获取群桩的完整数据，选择了两个架站点进行扫描，并利用球形标靶对获取的点云数据进行配准，该扫描测量的布置如图 10-6 和 10-7 所示。

图 10-6　三维激光扫描现场布置图

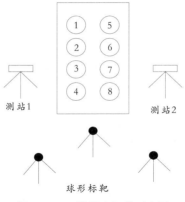

图 10-7　三维激光扫描示意图

利用三维激光扫描仪获取实验桩的三维点云数据，然后对点云数据进行建模，再通过对不同荷载作用下点云模型之间的比较，计算对应的变形量。

10.3　两种监测方法结果分析

10.3.1　三维激光扫描测量结果分析

如图 10-8 至图 10-11 所示为各试验桩在不同荷载作用下的点云模型，其中灰色的模型为原始没有添加荷载的模型，深灰色的模型为在不同荷载作用下的变形模型。

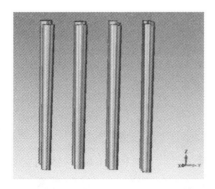

图 10-8　水平荷载为 544N 时点云模型

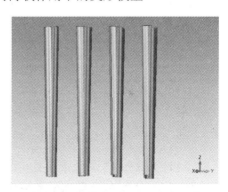

图 10-9　水平荷载为 614N 时点云模型

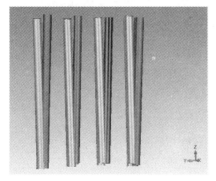

图 10-10　水平荷载为 667N 时点云模型

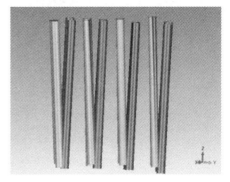

图 10-11　水平荷载为 776N 时点云模型

1. 不同试验桩在同一截面处的变形比较

为了获取各实验桩在不同位置处变形量大小，在距离试验桩底部 25cm、50cm、75cm、100cm、125cm 和 150cm 高度处分别提取模型的截面，计算其对应的圆心坐标，并以变形前后圆心坐标的变化量作为各桩在荷载作用下的位移量。现取 677N 水平荷载作用下各截面的变形量，具体计算结果如图 10-12 至图 10-17 所示。

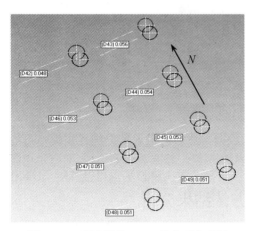

图 10-12　距离桩端 25cm 处截面变形量

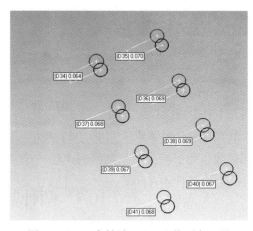

图 10-13　距离桩端 50cm 处截面变形量

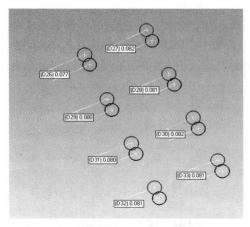

图 10-14　距离桩端 75cm 处截面变形量

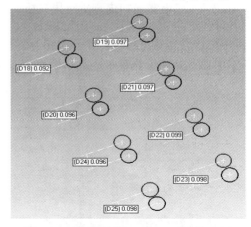

图 10-15　距离桩端 100cm 处截面变形量

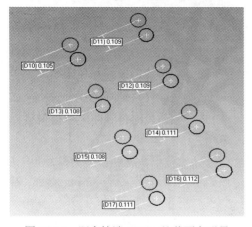

图 10-16　距离桩端 125cm 处截面变形量

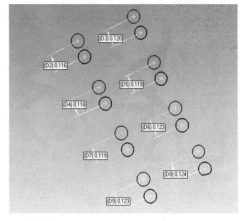

图 10-17　距离桩端 150cm 处截面变形量

2. 同一试验桩在不同截面处的变形比较

对不同试验桩在各级荷载作用下的变形情况进行了比较分析，具体结果如图 10-18 至图 10-21 所示。

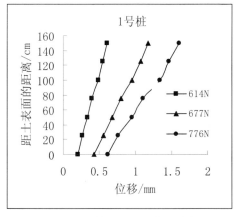

图 10-18　水平荷载下 1 号桩位移变化图

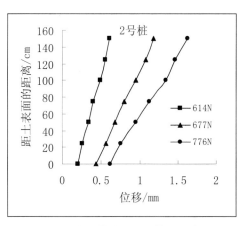

图 10-19　水平荷载下 2 号桩位移变化图

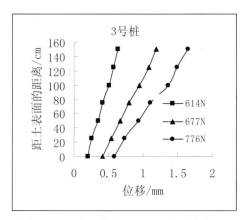

图 10-20　水平荷载下 3 号桩位移变化图

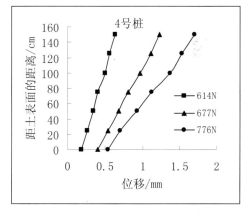

图 10-21　水平荷载下 4 号桩位移变化图

由以上各图可以看出：

（1）如图 10-12 至图 10-17 所示，各试验桩在水平荷载作用下，其变形的方向为荷载作用力的方向，即图中箭头 N 的方向，在垂直于 N 的方向上没有变形，并且各试验桩的变形方向一致。

（2）各试验桩的变形量，下部较小，其值为 0.5mm 左右；上部较大，其变形量为 1.2mm 左右，并且各桩的变形规律基本一致。

（3）如图 10-18 至图 10-21 所示，在 677N 级荷载作用下的各试验桩的最小变形为 0.4mm 左右，最大变形为 1.2mm 左右，并且各截面位置处点的变形量基本处于同一条直线上，其变形呈线性分布，这说明试验桩在荷载作用下的变形为水平压力方向上的整体倾斜变形，钢管桩没有出现弯曲。

（4）当荷载增加到 776N 时，各试验桩不同位置的变形量逐渐增大，但是整体的变形规律并没有变化；当水平荷载达到 776N 级荷载时，各试验桩的水平变形表现出了非线性特性，出现了微小弯曲变形。

10.3.2　千分表测量结果分析

1. 同一试验桩上不同监测点的变形分析

利用千分表测量出各试验桩上不同监测点在荷载作用下的变形数据，各监测点位移具体结果，如表 10-2 所示。

表 10-2　4 号桩上各监测点的千分表测量数据表

加载头荷载 /N	1 号点位移 /mm	2 号点位移 /mm	3 号点位移 /mm	4 号点位移 /mm
0.00	0.000	0.000	0.000	0.000
317.22	0.088	0.072	0.054	0.030
604.68	0.391	0.295	0.234	0.137
613.72	0.496	0.371	0.296	0.179
654.18	0.602	0.452	0.362	0.219
644.40	0.753	0.533	0.428	0.262
669.28	0.817	0.613	0.494	0.302
658.20	0.921	0.693	0.558	0.344
677.04	1.035	0.777	0.624	0.388
686.52	1.140	0.852	0.688	0.425
722.16	1.242	0.926	0.747	0.462
745.34	1.342	1.002	0.805	0.497
776.00	1.448	1.080	0.870	0.536

2. 各试验桩不同监测点的变形比较

如图 10-22 至图 10-25 所示，根据千分表测量各试验桩的监测结果，获得各试验桩在不同荷载作用下的位移变化图。

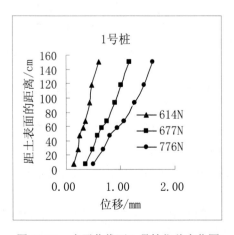

图 10-22　水平荷载下 1 号桩位移变化图

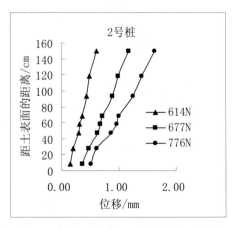

图 10-23　水平荷载下 2 号桩位移变化图

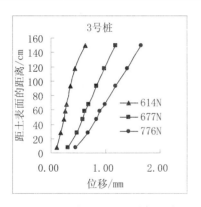

图 10-24　水平荷载下 3 号桩位移变化图

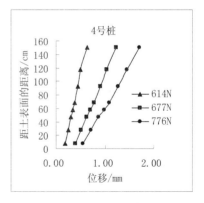

图 10-25　水平荷载下 4 号桩位移变化图

根据以上各图和表的数据知：

（1）如图 10-22 至图 10-25 所示，各试验桩不同截面位置处点的变形量基本处于同一条直线上，其变形呈线性分布，这说明各试验桩的变形为加载方向上的整体倾斜变形。

（2）随着荷载的增大，各试验桩的变形亦表现出了非线性特性，出现了微小弯曲变形。

10.3.3　两种方法监测数据比较

将两种方法测量的监测结果进行比较，如图 10-26 至图 10-29 所示。

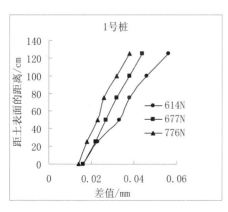

图 10-26　两种方案的位移差（1 号桩）

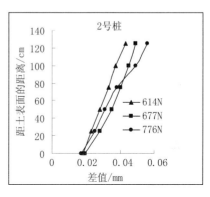

图 10-27　两种方案的位移差（2 号桩）

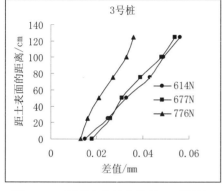

图 10-28　两种方案的位移差（3 号桩）

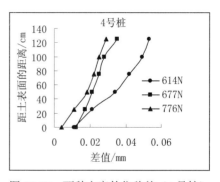

图 10-29　两种方案的位移差（4 号桩）

由以上各图数据知,两种方法测量的各试验桩在荷载作用下的变形量差异处于0～0.05mm之间,为各试验桩实际变形的1/20～1/30,说明两种测量方法获取的变形量和变性规律基本一致。同时,各试验桩之间相对变形规律也基本一致,没有发生试验桩之间的较大相对变形,说明钢管桩群桩在较大变形下,结构整体性没有任何破坏,该结构连接方案可行。

10.4　水平往复荷载试验结果分析

图 10-30 和图 10-31 所示为群桩和单桩模型水平荷载－位移滞回曲线图,从桩顶荷载－位移滞回曲线来看,滞回环较丰满,说明该地基下钢管桩基础具有良好的耗能能力,当荷载降为零时,变形没有回零,表明地基土出现了塑性变形,随着荷载加大,滞回环面积加大,表明结构塑性变形逐步加大,滞回环形态始终基本保持不变,说明群桩结构刚度没有大的变化,这也说明了在较大的水平往复荷载作用下,即使出现了较大位移,该钢管群桩结构也没有出现明显变形和破坏。

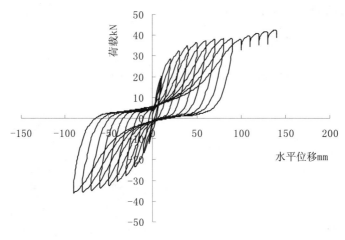

图 10-30　群桩模型水平荷载－位移滞回曲线图

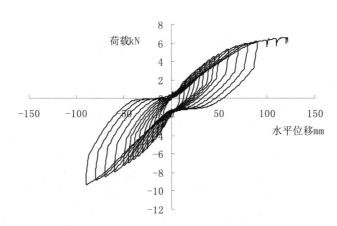

图 10-31　单桩模型水平荷载－位移滞回曲线图

如图 10-32 所示,单桩拉拔试验的 P-S 曲线存在两个拐点,上拔位移在 2mm 以内时,拉拔力与位移表现为线性，位移超过 2mm 后，表现出非线性，当上拔量达到 7.7mm 时，抗拔力达到极限值，随后抗拔力减小，这是因为随着桩的拔出，土中桩长变短，桩侧摩阻力减小。由单桩拉拔 P-S 曲线可以看出，模型试验得到的模型单桩极限抗拔力为 7.5kN 左右，由 π_2 得，$C_F = C_E C_l^2$，即模型上加的集中力为原型的 1/100，故单桩极限抗拔力为 750kN。

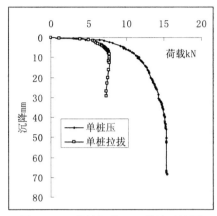

图 10-32 单桩拉拔 P-S 曲线对比图

如图 10-32 所示，单桩抗压试验，位移在 2mm 以内时，其 P-S 曲线变化特性与拉拔试验基本一致，随着位移的增大，承载力提高更明显。单桩抗压试验得到的极限承载力约为拉拔试验极限承载力的 1.3 倍左右。由单桩竖向静压 P-S 曲线可以看出，模型试验得到的模型单桩极限承载力为 10.0kN 左右，由相似判据 π_2 可知，单桩极限承载力为 1000kN 左右。这与现场静载试验的结果一致。

图 10-33 所示为振动沉桩下沉荷载与时程关系图，振动加载设计为 MTS 作动头每次下沉 5mm，稳定 4 秒后进行下一次下沉。由图可以看出振动力随着时间增长而增加，这是因为随着桩基的下沉，土阻力变大；4 秒稳定时间内，作动头出现了明显的卸力现象，这是由于土体的蠕变引起的，而且随着下沉阻力的增大，卸力幅度增大。当下沉时间达到 150 秒后，下沉力趋于稳定，此时地基土体出现了刺入式破坏。

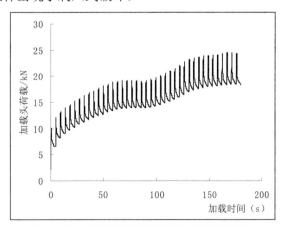

图 10-33 振动沉桩下沉荷载与时程关系图

图 10-34 所示为单桩振压与静压 P-S 曲线对比图，其中振压 P-S 荷载取值为卸力前下沉最大荷载，由图可以看出两曲线在沉降量在 10mm 以内时基本重合，随着沉降量的增大，振压

荷载略大于静压荷载，这是由于静压过程中土体短时间蠕变引起的卸荷现象。

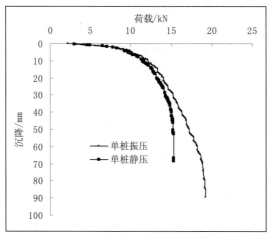

图 10-34 单桩振压与静压 P-S 曲线对比图

10.5 主要结论

（1）双排 8 桩群桩在 5 级荷载作用下变形为水平转动，钢管桩没有出现弯曲；在水平荷载达到 10 级荷载后，群桩的水平变形表现出了非线性特性，出现了少量弯曲变形。1~4 号桩的变形规律基本一致。钢管桩群桩在较大变形下，结构整体性没有任何破坏，说明该结构连接方案可行。

（2）单桩拉拔试验，P-S 曲线存在两个拐点，上拔位移在 2mm 以内时，拉拔力与位移表现为线性，位移超过 2mm 后，表现出非线性，当上拔量达到 7.7mm 时，抗拔力达到极限值，单桩极限抗拔力为 750kN。

（3）单桩抗压试验，位移在 2mm 以内时，其 P-S 曲线变化特性与拉拔试验基本一致，随着位移的增大，承载力提高更明显。单桩抗压试验得到的极限承载力约为拉拔试验极限承载力的 1.3 倍左右。模型试验得到的换算单桩极限承载力与现场静载试验的结果一致。

（4）群桩水平荷载一位移滞回曲线较丰满，说明该地基下钢管桩基础具有良好的耗能能力，随着荷载加大，滞回环形态始终基本保持不变，说明群桩结构刚度没有大的变化，这也说明了在较大的水平往复荷载作用下，即使出现了较大位移，该钢管群桩结构也没有出现明显变形和破坏。

（5）当单桩振动下沉幅度为 5mm 时，单桩振压与静压 P-S 曲线在沉降量 10mm 以内时基本重合，随着沉降量的增大，振压荷载略大于静压荷载，这是由于静压过程中土体短时间蠕变引起的卸荷现象。

第 11 章　海上钢管桩现场静载试验

11.1　试验背景

青岛海湾大桥第 3 合同段，合同总造价 5.95 亿元。主要工程为红岛互通立交和红岛连接线工程，整个海上互通基础分为扩大基础、1.5 米（1.6 米）桩基两部分，下部结构为高桩承台及圆端形断面实心墙式墩，上部结构为现浇连续箱梁。在现浇箱梁施工过程中需要搭设大量的钢管桩基础，在钢管桩基础上部修建施工便桥以方便现浇箱梁的施工。正确合理地确定钢管桩的竖向承载能力，不但可以保证施工安全，还可以节省大量工程建设成本。

现场足尺试验是目前最可靠的确定基础承载能力的技术手段，为此课题组利用该合同段 98# 和 99# 墩位新打入的钢管桩作为试桩，设计了两组现场静载试验，检测钢管桩的实际承载力与计算承载力的差别，确定实际承载力，为主线变宽段箱梁钢管桩支架施工选择合理的的施工方法和机具设备。

11.2　第一次试桩

11.2.1　试验设计

试验采用锚桩法进行，在 98# 和 99# 墩位间打设 4 根桩径为 820mm 的钢管桩作为锚桩，桩中心间距 6m，试桩位于锚桩中心。4 根锚桩通过型钢构件焊接成整体，通过受力验算选定型钢材料。98# 墩位的试桩作为第一次试桩，试桩结束后，根据试验结果对桩长做出调整，在 99# 墩位处进行二次试桩。

锚桩法主要由锚梁、横梁和液压千斤顶等组成，如图 11-1 所示。用千斤顶逐级施加荷载，反力通过横梁、锚梁传递给锚桩，用油压表量测荷载的大小，通过在钢管桩上标刻度尺进行位移计量测试桩的下沉量，用于下一步数据分析。锚桩与试桩的中心间距不得小于 4m。锚桩承载梁反力装置能提供的反力，应不小于预估最大荷载的 1.3～1.5 倍。

11.2.2　试验准备

（1）4 根锚桩桩径为 820mm，间距为 6×6m，试桩位于 4 根锚桩中心。4 根锚桩之间焊接纵横向剪刀撑及平联，材料为[20a 槽钢；桩顶焊接双肢 I45a 工字钢作为锚梁，利用[20a 槽钢和锚桩焊接连接，同时在锚梁和锚桩之间焊接八字撑。试桩桩顶焊接 20mm 钢板作为桩帽，其下焊接十字撑进行加强，桩顶放置 350t 油压千斤顶，其上为三肢 I45a 工字钢横梁。

（2）在 98# 墩顶支立水准仪，用以观测试桩沉降量。

如图 11-2 所示为现场试验。

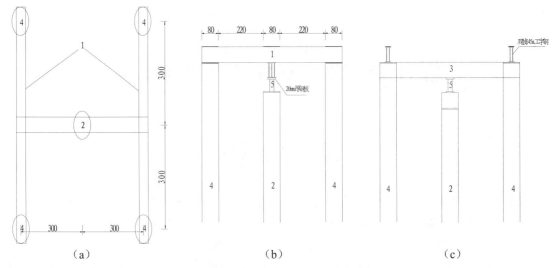

图 11-1　一次试桩锚桩法反力装置图
（a）俯视图；（b）、（c）侧面图
1—锚梁；2—试桩；3—横梁；4—锚桩；5—千斤顶

图 11-2　现场试验

11.2.3　根据地质图计算第一次试桩的极限荷载

试桩采用桩径为 820mm，壁厚为 $\delta=8$mm 的钢管桩，则根据《公路桥涵地基与基础设计规范》（JTJ024-85）中公式计算。

试桩总长度为 24m，海床高程为 3.9m，入土深度为 16m，持力层为砾砂 σ_R 取 2200 kPa，极限摩阻力根据 98#墩位地质图进行取值，桩周土的极限摩阻力 f_i 对应地质图中提供的最大值，分别为淤泥质亚粘土 20kPa、粗砂 70kPa、亚粘土 55kPa、砾砂 90kPa，层厚分别为 8.6m、4.2m、2.3m、11.9m。

$$[P] = \frac{1}{k}\left(u\sum a_i l_i \tau_i + A\sigma_R \lambda_p\right)$$

式中：u—周长，取 $u=2.554$m；

k—安全系数，此处取 2；

a_i—影响系数，对于锤击沉桩，取 1.0；

τ—极限摩阻力，kPa；

A —桩的截面面积，为 0.0202m^2；

σ_R —桩尖承载力，$\sigma_R = 2200\text{kPa}$；

λ_p —开口桩桩尖承载力影响系数，对于锤击沉桩取 1.0。

计算时扣除海底淤泥冲刷 2 米，则：

$$[P] = \frac{1}{2} \times [2.554 \times (6.6 \times 20 + 4.2 \times 70 + 2.3 \times 55 + 90 \times 0.9) + 0.0202 \times 2200] = 831\text{kN}$$

计算得出的 P 即为钢管桩最大竖向承载力，取 830kN。反力装置根据规范要求提供反力不小于 P 的 1.3～1.5 倍，本试验根据主线箱梁承载要求，设系数为 1.3。

即反力装置要提供 $F=830 \times 1.3=1079\text{kN}$。

经计算，锚梁、横梁在 F 作用下不被破坏，锚桩入土深度和试桩基本相同，满足承载力要求。

11.2.4　第一次试桩试验结果

如表 11-1 所示为第一次试桩试验记录表。

表 11-1　第一次试桩试验记录表

荷载编号	起止时间			间歇时间（min）	每级荷载（kN）	位移（mm）		备注
	日	时	分			下沉	上拔	
1		9	20		0	0		
2		9	25	5	500	6		
3		9	40	15	500	0		
4		9	55	15	500	0		
5		10	0	5	600	0		
6		10	15	10	600	0		
7		10	20	5	700	0		试验由于油表加载数值回落终止。此时桩没有下沉的可能原因有： （1）主梁变形破坏无法提供足够的反力（横梁及锚梁在此荷载下计算未达到破坏状态） （2）锚梁受力不平衡锚桩被拔出（考虑到 4 根锚桩承载力足够，未进行锚桩标高观测）
8		10	40	20	700	0		
9		10	43	3	800	1		
10		11	0	17	800	0		
11		11	15	15	800	0		
12		11	18	3	900	0		
13		11	35	17	900	0		
14		11	40	5	1000	0		
15		12	5	25	1000	3		
16		12	20	15	1000	0		
17		12	24	4	1100	0		
18		12	40	16	1100	0		
19		12	43	3	1200	0		
20		12	55	12	1200	0		
21		12	58	3	1300	10		
22		13	12	14	1300	0		
23		13	15	3	1400	2		
24		13	25	10	1400	0		
合计下沉						22		

根据试验数据分析此试桩在 1300kN 单次下沉 10mm，得到此试桩极限承载力为 1300kN

（理论计算的单桩承载力为 685.6kN）。

11.2.5 第一次试桩单桩承载力理论计算

试桩采用桩径为 820mm，壁厚为 δ =8mm 钢管桩，海床高程为 3.9m，入土深度为 14.5m，持力层为亚粘土 σ_R 取 2200kPa，极限摩阻力根据 98#墩位地质图进行取值，桩周土的极限摩阻力 f_i 对应地质图中提供的最大值，分别为淤泥质亚粘土 20kPa、粗砂 70kPa、亚粘土 55kPa、砾砂 90kPa，层厚分别为 8.6m、4.2m、2.3m、11.9m，则根据《公路桥涵地基与基础设计规范》（JTJ024-85）中的公式进行计算：

$$[P] = \frac{1}{k}\left(u\sum a_i l_i \tau_i + A\sigma_R \lambda_p\right)$$

式中： u ——周长，取 $u = 2.554\,\text{m}$ ；

k ——安全系数，此处取 2；

a_i ——影响系数，对于锤击沉桩取 1.0；

τ —— 极限摩阻力，kPa；

A ——桩的截面面积，为 0.0202m^2 ；

σ_R ——桩尖承载力， $\sigma_R = 2200\text{kPa}$ ；

λ_p ——开口桩桩尖承载力影响系数，对于锤击沉桩取 1.0。

计算时扣除海底淤泥冲刷 2 米，则：

$$[P] = \frac{1}{2}\times[2.554\times(6.6\times20 + 4.2\times70 + 1.7\times55) + 0.0202\times2200] = 685.6\text{kN}$$

11.3 第二次试桩

11.3.1 试验目的及内容

在第一次试桩基础上，在保证承载力的前提下，减短桩长，减小支架施工难度。

试验仍采用锚桩法进行，在 99#墩位处支架桩基位置，打设 2 根桩径为 820mm 的钢管桩作为锚桩，桩中心间距 8m，试桩位于锚桩中心。2 根锚桩通过型钢构件焊接成整体，型钢横梁采用三肢 I56a 工字钢。

11.3.2 试验设计

锚桩法主要由锚梁和液压千斤顶等组成，如图 11-3 所示。用千斤顶逐级施加荷载，反力通过锚梁传递给锚桩，用油压表量测荷载的大小，利用水准仪（放置于桩顶预焊件上）测量试桩的下沉量，用于下一步数据分析。锚桩与试桩的中心间距不得小于 4m。锚桩承载梁反力装置能提供的反力，应不小于预估最大荷载的 1.3～1.5 倍。

（1）2 根锚桩桩径为 820mm，间距为 8m，试桩位于 2 根锚桩中心。锚桩桩顶放置三肢 I56a 工字钢，利用[20a 槽钢和锚桩焊接成整体，横梁及焊接连接按破坏荷载 150 吨考虑。试桩桩顶放置利用同直径的钢管加工的桩帽（内焊十字撑，深入试桩内部），与试桩平整对接，桩顶放置 350t 油压千斤顶，其上为工字钢横梁。

（2）在 99#墩顶立支水准仪，用以观测试桩沉降量。

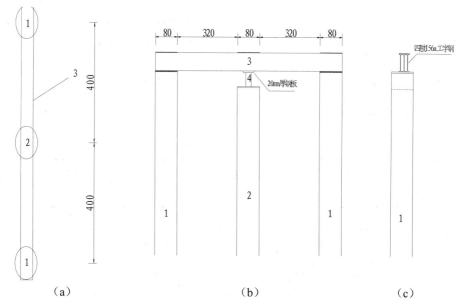

图 11-3　二次试桩锚桩法反力装置图

（a）俯视图；（b）、（c）侧面图

1—锚桩；2—试桩；3—横梁；4—千斤顶

11.3.3　根据地质图计算第二次试桩的极限荷载

试桩采用桩径为 820mm，壁厚 δ =8mm 的钢管桩，则根据《公路桥涵地基与基础设计规范》（JTJ024-85）中公式计算。

根据二次试桩要求，桩底标高统一定为-16.57m，99#墩位处为粗沙层和粘土层的交接面，99#墩位处海床标高-3.95m。

99#墩位处桩基入土深度 13.6m，持力层为粗砂层，σ_R 取 3000kPa，桩周土的极限摩阻力 f_i 对应地质图中提供的最大值，分别为淤泥质亚粘土 20kPa、粗砂 70kPa、亚粘土 55kPa，层厚分别为 7.1m、5.2m、0.3m。

$$[P] = \frac{1}{k}\left(u\sum a_i l_i \tau_i + A\sigma_R \lambda_p\right)$$

$$P = (U\Sigma l_i q_{fi} + q_R A)/\gamma$$

式中：u—周长，取 $u = 2.554$，m；

　　　k—安全系数，此处取 2；

　　　a_i—影响系数，对于锤击沉桩取 1.0；

　　　τ—极限摩阻力，kPa；

　　　A—桩的截面面积，为 0.0202m²；

　　　σ_R—桩尖承载力，$\sigma_R = 2200$kPa；

　　　λ_p—开口桩桩尖承载力影响系数，对于锤击沉桩取 1.0。

计算时扣除海底淤泥冲刷 2 米，则：

$$[P] = \frac{1}{2} \times [2.554 \times (5.1 \times 20 + 5.2 \times 70 + 0.3 \times 55) + 0.0202 \times 3000] = 646\text{kN}$$

计算得出的 P 即为钢管桩最大竖向承载力，取 646kN。反力装置根据规范要求提供反力不小于 P 的 1.3～1.5 倍，本试验根据主线箱梁承载要求，设系数为 1.3。即反力装置要提供：$F = 646 \times 1.3 = 839.8\text{kN}$。

经计算，横梁在 F 作用下不被破坏，锚桩入土深度 14.5m，满足承载力要求。

11.3.4 第二次试桩试验结果

表 11-2　第二次试桩试验结果

荷载编号	起止时间			间歇时间（min）	每级荷载（kN）	位移（mm）		备注
	日	时	分			下沉	上拔	
1	24	13	40		0	0		24 日试验由于油顶行程超限实验终止。25 日继续试验当荷载达到 1000kN 时，锚桩被拔起 10cm 试验终止
2		13	45	5	500	7		
3		13	54	9	600	0		
4		14	9	15	600	0		
5		14	12	3	700	2		
6		14	27	15	700	0		
7		14	42	15	700	1		
8		14	45	3	800	0		
9		15	0	15	800	2		
10		15	15	15	800	0		
11		15	16	1	900	0		
13		15	18	2	1000	0		
14		15	34	16	1000	0		
18		15	48	14	1200	0		
19		16	6	18	1200	0		
合计下沉						12		

11.3.5 第二次试桩单桩承载力理论计算

修改设计后，试桩采用桩径为 820mm，壁厚为 $\delta = 8\text{mm}$ 的钢管桩，99#墩位处海床标高 -3.95m，桩底标高定为-16.57m，桩基入土深度为 12.6m，桩尖位于粗砂层和亚粘土层的交接面，持力层为亚粘土，σ_R 取 2200kPa，桩周土的极限摩阻力 f_i 对应地质图中提供的最大值，分别为淤泥质亚粘土 20kPa、粗砂 70kPa、亚粘土 55kPa，层厚分别为 7.1m、5.2m、0.3m。则根据《公路桥涵地基与基础设计规范》（JTJ024-85）中公式计算。

$$[P] = \frac{1}{k}\left(u \sum a_i l_i \tau_i + A\sigma_R \lambda_p\right)$$

式中：u——周长，取 $u = 2.554\text{m}$；

　　　　k——安全系数，此处取 2；

　　　　a_i——影响系数，对于锤击沉桩取 1.0；

　　　　τ——极限摩阻力，kPa；

A —桩的截面面积，为 0.0202m^2；

σ_R —桩尖承载力，$\sigma_R = 2200\text{kPa}$；

λ_p —开口桩桩尖承载力影响系数，对于锤击沉桩取 1.0。

计算时扣除海底淤泥冲刷 2 米，则：

$$[P] = \frac{1}{2} \times [2.554 \times (5.1 \times 20 + 5.2 \times 70 + 0.3 \times 55) + 0.0202 \times 2200] = 638.4\text{kN}$$

11.4　主要结论

（1）24m Φ820 钢管桩在入土深度为 14.5m 时，其现场试验得到的极限承载力为 1300kN，理论计算的容许承载力为 685.6kN。

（2）桩长优化后，Φ820 钢管桩在入土深度为 12.6m 时，现场二次试验得到的极限承载力为 1000kN，理论计算的单桩承载力 638.4kN。

（3）根据两次试验的桩长、入土深度及承载力数据，结合东线变宽段地质情况，钢管桩入土深度建议取 12.6m，穿过淤泥质亚粘土层、粗砂层，持力层为亚粘土层。

第 12 章　总结与展望

12.1　本书主要成果

结合国家自然科学基金项目：湿陷性黄土地基桥梁群桩负摩阻力效应及有效承载力研究（51108255）、山东省交通运输厅科技项目：复杂应力条件下高墩桥梁基础受力特性及结构优化研究（2010Y25-1）和青岛跨海大桥施工临时钢管桩基础承载力研究（2010Y10-2）等的研究成果，对当前海洋环境下桥梁基础和黄土地基桥梁桩基设计计算存在问题进行了系统的分析总结，通过数值仿真分析、理论推导、现场试验和离心试验等多种手段对海洋环境下桥梁基础和黄土地基桥梁桩基桩土共同作用性状进行了较系统的研究，得出以下主要成果。

（1）在大型通用有限元程序 MARC 软件基础上，基于 Visual Fortran 平台和用户子程序接口，对软件进行深度二次开发，研编了模拟地基初始应力及其释放，移动分布荷载，参数随工况变化的非线性弹性本构关系，2 节点、4 节点和 8 节点等厚接触面单元，模拟动态接触状态等用户子程序。扩展了 MARC 软件在岩土工程领域中的功能。

（2）开展了湿陷性黄土地基大型桥梁桩基现场静载试验，试验中布设了百分表、弦式钢筋应力计和混凝土应变计等测试仪器，对各级荷载下的桩顶沉降、桩身轴力、桩端反力及桩侧摩阻力进行了现场测试和分析；同时进行了现场浸水试验，对黄土湿陷区干燥状态及浸水状态单桩竖向承载特性变化情况进行了研究，给出了两种状态下桩侧摩阻力和轴力随桩长的变化规律和取值范围，分析了桩及桩周土浸水期间的沉降变化规律。

（3）建立了分析桥梁桩基单桩空间轴对称有限元模型，结合此模型提出了计算自重湿陷性黄土地区合理桩长的方法——叠加法，得出了当中性点上、下土层摩擦力分布形式相同时，应增加的桩长与摩擦力的分布形式无关，而只与极限摩擦力的大小有关的结论。运用此方法分析了自重湿陷性黄土湿陷特性对桩基承载性状的影响规律，结果表明：在极限荷载时，中性点深度与桩长有关；湿陷系数对桩剩余承载力的影响是非线性的；定量给出了中性点深度及应增加桩长的范围；基于剪切位移法并利用弹性理论，推导了自重湿陷性黄土条件下桩基沉降、轴力及中性点计算公式，并与工程实测进行了对比验证。

（4）总结了我国北方冰冻海域桥梁受力环境，分析了当前国内外桥梁和水工规范中波浪荷载、风荷载、冰荷载等计算方法，结合海洋环境，针对现有规范中关于计算方法的不足之处，提出了较为全面的计算方法。给出在我国北方冰冻海域跨海桥梁荷载组合形式及计算方法，并结合胶州湾跨海大桥工程进行了成功应用。

（5）针对海上临时施工钢管桩基础特殊的工程环境，通过现场试验和模型试验分析了复杂水平荷载作用下，钢管桩基础群桩荷载传递机理、群桩效应、桩后土抗力以及往复水平荷载对桩的工作性状的影响，对比分析了海上钢管桩抗压及抗拔特性，给出了动荷载作用下单桩沉桩工作特性和施工参数。在此基础上系统给出了大型跨海桥梁钢管桩群桩基础承载特性。

（6）结合海上钢管桩施工，运用数值仿真模型手段，提出了海上钢管桩基础系列优化技术，系统分析了海上荷载环境下，土体模量、桩径、桩的横向间距对钢管桩承载特性的影响；

给出了不同施工和环境荷载作用下，临时施工钢管桩基础的不利位置和设计施工优化方案，在胶州湾跨海大桥施工中得到成功应用，取得了显著的经济和社会效益。研究成果为海上桥梁桩基施工规范相关内容的修订奠定了理论与试验基础，对该区域桥梁基础工程的设计、施工有重要参考价值。

12.2　今后工作的展望

（1）跨海桥梁的波浪荷载与海港结构物、海上平台相似，但还是存在一定的差别，可制定专门针对跨海桥梁的规定，或给出适合公式。波浪荷载与风荷载是跨海桥梁的主要荷载，它们之间存在一定的耦合作用，在荷载组合中应考虑其耦合效应。

（2）我国海洋区域环境复杂，台风、海啸、地震等灾害时有发生。结合概率论、可靠度等理论，明确地震等偶然荷载的计算方法，在荷载组合中应增加这些偶然荷载的比重。

（3）深入开展相关试验工作，选取有代表性的自重湿陷性黄土场地，结合实体工程，应用更好的测试手段，进一步探求黄土地基桩基受力机理。仿真分析中进一步考虑更合理的土本构关系、在地基模型中考虑黄土浸水沉陷效应，使数值模型更加完善。

（4）进一步开展更广泛的复杂地质条件下桩基承载特性研究，建立实用有效的设计计算体系，更好的为桥梁建设服务。

参考文献

[1] 卢世深，林亚超. 桩基础的计算和分析[M]. 北京：人民交通出版社，1987.

[2] 凌治平. 基础工程[M]. 北京：人民交通出版社，1996.

[3] 刘金砺. 桩基础设计与计算[M]. 北京：中国建筑工业出版社，1990.

[4] 左名麒，胡人礼，毛洪渊. 桩基础工程[M]. 北京：中国铁道出版社，1996.

[5] 《桩基工程手册》编写委员会. 桩基工程手册[M]. 北京：中国建筑工业出版社，1995.

[6] 王伯惠，上官兴. 中国钻孔灌注桩新发展[M]. 北京：人民交通出版社，1999.

[7] 冯忠居，谢永利，上官兴. 桥梁桩基新技术[M]. 北京：人民交通出版社，2005.

[8] 谢定义. 21世纪土力学的思考[J]. 岩土工程学报，1997，19（4）：111－114.

[9] Seed.H.B and Reese.L.C. The Action of soft clay Along Friction Piles[J]. ASCE, Transactions,1957.

[10] Poulos, H.G.&Davis, E.H.Pile foundation analysis and design[M]. John Wiley &Sons, Inc., New York, 1980.

[11] 佐藤悟（日）. 桩基礎の支持力機構（Ⅰ），（Ⅱ），（Ⅲ），（Ⅳ）；土工技術，Vol, 20，No.1～No.5，1965.

[12] 何思明. 单、群桩沉降计算理论研究及其应用[D]. 成都：四川大学，1999.

[13] Seed.H.B.and Reese.L.C.The Action of soft clay Along Friction Piles[J]. Proc.ASCE, Vol,81, 1955.

[14] 张展涛. 黄土地区单桩竖向承载力与沉降特性研究[D]. 西安：西安理工大学，2003.

[15] 罗惟德. 单桩承载机理分析与荷载－沉降曲线的理论推导[J]. 岩土工程学报，Vol，12，No.1，1990，169-75.

[16] 王旭东. 群桩－土－承台结构共同作用的数值分析[J]. 岩土工程学报，Vol，18，No.4，1996，7.

[17] 李正仪，罗群. 群桩沉降的非线性简化分析[J]. 广东土木与建筑，2003，6，3-4.

[18] 刘杰，张可能. 刚性承台下柔性群桩与地基相互作用的线性分析[J]. 铁道工程学报，2002，（4）.

[19] 阳吉宝. 超长桩荷载传递机理研究[J]. 岩土工程技术，1997（1）.

[20] Poulos, H.G.&Davis, E.H.(1968). The settlement behaviour of single axially loaded incompressible piles and piers[J]. Geotechnique, 18,351-371.

[21] Banerjee, P.K.&Davies, T.G.(1978). The behaviour of axially and laterally loaded single piles embeded in nonhomogeneous soils[J]. Geotechnique, 28(3), 309-326.

[22] 楼晓明，金志靖. 钻孔灌注桩基础对紧邻地铁隧道产生竖向附加应力和变形的计算分析[J]. 岩土力学，1996，17（3），48-53.

[23] 洪毓康，楼晓明. 群桩基础共同作用分析. 第六届土力学及基础工程学术会议论文集[C]. 上海：同济大学出版社，1991.

[24] 马海龙，杨敏，洪毓康. 变形总和法对群桩分析的适用性[J]. 同济大学学报（自然科学版），2000，4.

[25] 石名磊，邓学军，刘松玉. 群桩间"加筋与遮帘"相互作用研究[J]. 东南大学学报，2003，33（3），343-346.

[26] 顾小安等. 桥梁工程中刚性承台下桩的工作特性研究[J]. 重庆交通学院学报，2004，23（4），4-8.

[27] 何思明等. 群桩沉降计算理论分析[J]. 岩土力学, 2003, (3): 435-440.

[28] 何思明. 基于弹塑性理论的修正分层总和法[J]. 岩土力学, 2003, (1): 88-92.

[29] Cooke, R.W. & Price.G.Strains and displacements around friction piles.Proc.8th ICSMFE[C], Moscow, 1973, 2, 53-60.

[30] Cooke, Rw.The setlement of friction pile foundations.Proc.Conf.on Tall Buildings[C], Kuala Lumpur, 1974.

[31] Cooke, R.W., Price, G.&Tarr, K.Jacked piles in London clay:Interaction and group behaviour under working conditions[J].Geotechnique, 1980, 30 (2), 97-y 1:36.

[32] 58]Randolph, M.F.&Wroth, C.P.Analysis of deformation of vertically loaded piles[J]. ASCE, 1978, 104, 1465-1488.

[33] Randolph, M.F.&Wroth, C.P.An analysis of vertical deformation of pile groups[J].Geotechnique, 1979, 29(4). 423-439.

[34] 杨嵘昌, 宰金珉. 广义剪切位移法分析桩−土−承台非线性共同作用原理[J]. 岩土工程学报, 1994, 16 (6), 103-116.

[35] 宰金珉. 群桩与土和承台非线性共同作用分析的半解析半数值方法[J]. 建筑结构学报, 1996, 17 (1), 63-89.

[36] 钟闻华, 刘松玉, 张克恭. 群桩基础特性研究与实例分析[J]. 建筑结构, 2003, 33 (11).

[37] Goodman RF, Taylor RL, Brekke TL.A model for the Mechanics of Jointed Rock Journ[J]. Soil Mech&Found Div ASCE, 1968, 94(SM3): 637-660.

[38] Desai CS,Zaman MM. Thin Layer Element for Interfaces and Joints[J].Int Journ.ForNum.&Analy Meth in Geomech, 1984, 8(1): 19-43.

[39] Yin Zong-ze, Zhu Hong, Xu Guo-hua. A study of Deformation in the interface between Soil and Concrete[J]. Computers and Geotechnics, 1994, 94(1): 637-660.

[40] 雷晓燕, Swoboda G, 杜庆华. 接触单元的理论及其应用[J]. 岩土工程学报, 1998, 20 (6): 108-112.

[41] Hooper, J.A.Observation on the behaviour of a piled-raft foundation on London clay[J]. Proc.Instu.Civ.Engng. 1973, Part 2, 855-877.

[42] 王炳龙. 用土的弹塑性模型和有限元法确定桩的荷载——沉降曲线[J]. 上海铁道大学学报, 1997, 18 (1).

[43] 俞炯奇. 非挤土长桩性状数值分析[D]. 杭州: 浙江大学, 2000.

[44] 张志勇等. 扩底单桩临界桩长的数值模拟[J]. 武汉水利电力大学学报, 2000, 33 (3): 36-68.

[45] 周健等. 群桩挤土效应的数值模拟[J]. 同济大学学报, 2000, 28 (6): 721-725.

[46] Bassam Mahasnehe, 龚晓南, 鲁祖统等. 群桩有限里兹单元法[J]. 浙江大学学报, 2000, 34 (4): 439-442.

[47] 石坚. 黄土地基群桩效应的有限元分析[J]. 西安工程学院学报, 2000, 22 (2): 50-55.

[48] 刘用暖. 一种桩−土三维等厚度接触单元及其应用研究[D]. 西安: 西安理工大学, 2001.

[49] 张冬霁, 卢廷浩. 一种土与结构接触面模型的建立及其应用[J]. 岩土工程学报, 1998, 20 (6): 62-66.

[50] 胡汉兵等. 竖向荷载下群桩承载特性的弹塑性分析[J]. 长江科学院院报, 2001, 18 (1): 41-44.

[51] 张丽娟. 疏桩基础数值分析与设计方法研究[D]. 沈阳: 东北大学, 2003.

[52] 魏静等. 西安地区单桩桩土相互作用数值模拟分析[J]. 长安大学学报, 2003, 25 (3): 63-66.

[53] 汤斌等，复合桩基中承台内区土阻力群桩效应系数的有限元分析[J]．武汉科技大学学报（自然科学版），2003，26（3）：267-269．

[54] 邹金林，吴乐意．考虑桩竖向支承刚度的桩－承台共同工作的优化设计[J]．岩石力学与工程学报，2004，23（3）514-517．

[55] 王旭东，魏道垛，宰金珉．群桩－土－承台结构共同作用非线性数值分析[J]．南京建筑工程学院学报，1994，31（4）：1-9．

[56] 曹志远等．桩筏地基半解析分区耦合法[J]．岩土工程学报，1996，18（6）：77-83．

[57] 刘毓氚等．单桩承载性能的三维有限元无限元耦合分析[J]．岩土力学，2000，21（3）：275-277．

[58] 金振奋等．高层主裙楼变厚度桩筏基础数值试验[J]．工程设计学报，2003：10（4），224-232．

[59] 李晋，冯忠居，谢永利．大直径空心桩承载性状仿真分析[J]．长安大学学报．2004，24（4）：36-39．

[60] Craig.W.H. Installation studies for model piles, 11st ICSFE, Vol.2, pril, 1984[C].

[61] Scott, R.F. Ting, J. Steussy, D. Full scale dynamic lateral pile tests[J].Proc.Int.Conf.Soil Dynamics and Earthquake Engineering, Southampton, 1982, 1:13-15.

[62] Finn, W.D.L.Barton, Y.O. and Towhato, I.Dynamic lateral response of pile foundation: Cetrifugel data and analysis, Application of Centrifuge Modelling to Geotechnical Design[C]. ED.Craig.W.H.England, 16-18 pril, 1984, 47-66.

[63] Horikoshi K, Randolph M F.Centrifuge Modeling of Piled Raft Foundations on Clay[J]. Geotechnique, 1995, 46 (4): 741-752.

[64] 张利民．横轴向荷载下桩基的离心模型试验研究及三维数值模拟[D]．成都：成都科学技术大学，1989，10．

[65] 陈文，施建勇等．饱和粘土中静压桩挤土效应的离心模型试验研究[J]．河海大学学报，1999，27（6）：103-109．

[66] 曾友金，王年香等．软土质地区微型桩基础离心模型试验研究[J]．岩土工程学报，2003，25（2）：242-245．

[67] MARC 公司编制．MARC VOLUME A: Theory and User Information, Version K7[M]. 1997 MARC Analysis Research Corporation 8-18-8-22.

[68] 李晋，冯忠居，谢永利．大直径空心桩承载性状仿真分析[J]．长安大学学报．2004.24（4）：36-39．

[68] 李晋，唐勇，谢永利．横轴向荷载下空心桩受力性状数值仿真[J]．路基工程，2009，1：20-21．

[70] Li Jin, HU Peng. Numerical simulation of Large Diameter Bored Pile of High Pressure Jet Grouting, 44th US Rock Mechanics Symposium, Salt Lake City, UT June 27-30, 2010 [C].

[71] 李晋，唐勇，万德臣．桩－土作用体系数值仿真技术[J]．地下空间与工程学报，2008，4（7）1233-1235．

[72] 龚晓南．土塑性力学[M]．杭州：浙江大学出版社，1997：150-157．

[73] 张鲁渝等．国内岩土边坡稳定分析软件面临的问题及几点思考[J]．岩土力学与工程学报．2003．

[74] 许斌，王大通，高大钊．群桩沉降计算中接触单元模型应用的若干问题[J]．同济大学学报，1998，26（2）：149-152．

[75] 公路桥涵设计通用规范（JTG D60-2004）[S]．北京：人民交通出版社，2004．

[76] 海港水文规范（JTJ 213-98）[S]．北京：人民交通出版社，2004．

[77] 居炅国，吕凤梧，王彬．波浪力作用下钢管桩施工平台随机动力响应分析[J]．铁道科学与工程学

报，2006，10.

[78]   曹宏生. 水工建筑物波浪荷载分析研究[D]. 南京：河海大学，2005.

[79]   Bullnell MJ.Forces on cylinder arrays in oscillating flow[J]. in.Paper O.editor, 1977.

[80]   Sarpkaya TC, M Ozkaynak, S.Hydrodynamic interferences of two cylinders in harmonic flow[J]. In:
        Paper O, editor; 1980; Houston, TX.

[81]   Chakrabarti S.K.Wave forces on vertical array of tubes[J]. Civil Engineering in the Ocean
        1979(IVASCE): 241-259.

[82]   公路桥梁抗风设计规范（JTG/T D60-01-2004）[S]. 北京：人民交通出版社，2004.

[83]   水工建筑物荷载设计规范（DL5077-1997）[S]. 北京：中国电力出版社，1997.

[84]   Pike P.J.and Vickery B.J.A Wind Tunnel Investigation of Loads and Pressureon a Typical Guyed Tower
        Offshore Platform, [J]. Paper OTC 4288, Proceedings, Offshore Technology Conference, Houston, TX,
        May 1982.

[85]   Troesch A.W.Van Gunst R.W. and Lee S. Wind Loads on a 1:115 Model ofa Semisubmersible[J].
        Marine Technol, 1983, 20: 283-289.

[86]   Fumes G.K.Numerical simulations of wind forces on Troll B[J].Marinem Structurs, 1998, 11: 273-289.

[87]   潘斌，苑金民. 作用在海洋移动式平台上的风倾荷载[J]. 海洋工程，1997. 2.

[88]   杨国金. 海冰工程学[M]. 石油工业出版社，2000.

[89]   Sanderson T.J, O .Ice Mechanics.Risk to Offshore structures[M], 1988.

[90]   Peyton H R.Sea ice strength.University of Alaska Geophysical Institute[R], 1966.

[91]   Blenkarn K.A.Measurements and analysis of ice forces on Cook Inlet structures[M], 1970.

[92]   陆钦年，段忠东，欧进萍等. 河冰对桥墩作用的冰荷载计算方法（II）——冰压力计算公式[J]. 自
        然灾害学报，2002. 11（4）.

[93]   中华人民共和国水利部 SL 211-98[S]. 水工建筑物抗冰冻设计规范，1998.

[94]   山东省交通局，公路设计手册[S]，1976.

[95]   铁道部第三勘查设计院桥梁设计通用资料[S]，1994.

[96]   李润培，王志农. 海洋平台强度分析[M]，1992.

[97]   中华人民共和国交通部 JTJ 215-1998. 港口工程荷载规范[S]，1998.

[98]   张峰. 海水冻融和侵蚀耦合作用下桥梁下部结构耐久性评估[R]. 济南：山东大学，2009，10.

[99]   陈虎成，查雅平. 跨海桥梁基础冰荷载计算探讨[J]. 华东公路，2007.

[100]   居民国，吕凤梧. 波浪力作用下四桩平台结构力学性能的有限元分析[J]. 结构工程师，2006.

[101]   杨锋，邢占清，符平等. 近海风机基础结构型式研究[J]. 水利水电技术，2009，40（9）.

[102]   中华人民共和国电力行业标准. 水工建筑物荷载设计规范[S]. 1997.

[103]   刘祖典. 黄土学与工程[M]. 西安：陕西科学技术出版社，1997.

[104]   公路桥涵地基与基础设计规范（JTG D63-2007）[S]. 北京：人民交通出版社，2007.

[105]   湿陷性黄土地区建筑规范（GB50025-2004）[S]. 北京：中国建筑工业出版社，2004.

[106]   铁路工程设计手册－桥梁地基和基础[M]. 北京：中国铁道出版社，1996.

[107]   建筑桩基技术规范（JGJ94-2008）[S]. 北京：中国建筑工业出版社，2008.

[108]   Johannessen I J, Bjerrum L. Measurements of a steel pile to rock due to settlements of the surrounding
        clay[C]//Procthe 6th ICSM FE.Toronto, Cannda:University of Toronto Press, 1965. 261-264.

[109]   赵明华，雷勇，刘晓明. 基于剪切位移法的基桩负摩阻力计算[J]. 湖南大学学报（自然科学

版）. 2008，35（7）：1-6.

[110] Kuwabara, F. and Poulos, H.G. Downdrag forces in group of piles[J]. Geotech. Eng, 1989, 115(6): 806-818.

[111] Teh, C.I. and Wong, K.S..Analysis of downdrag on pile groups[J]. Geotechnique. 1995, 45(2): 191-207.

[112] Lee, C.Y. Pile groups under negative skin friction[J]. Geotech.Eng. 1993, 119(10): 1587-1600.

[113] Lee, C.J. Bolton, M.D. and Al-Tabbaa, A..Numerical modeling of group effect on the distribution of dragloads in pile foundations[J]. Geotechnique2002, 52(5): 325-335.

[114] 谢永利，冯忠居，李晋等. 芝川河特大桥湿陷性黄土区桩基承载性状研究[R]. 西安：长安大学，2004.

[115] 钟岱辉，于明. 水位面以下可塑状态粘性土有效重度取值分析[J]. 四川建筑科学研究，2002，28（4）：36-37.

[116] 李晋. 黄土桩基桩土共同作用性状仿真与试验研究[D]. 西安：长安大学，2006，6.

[117] Hanna, Adel M. Sharif, Ali.Drag force on single piles in clay subjected to surcharge loading [J].International Journal of Geomechanics, 2006, 6(2):89-96.

[118] 李晋，谢永利，冯忠居. 自重湿陷性黄土地区合理桩长初探[J]. 岩石力学与工程学报，2005，24（9）：1629-1634.